Contents

Preface

*'Il y a plusieurs vérités
et il faut vivre avec leurs contradictions;
personne n'est propriétaire d'une vérité.'*
(Edgar Morin on TV)

In contrast to the parallel German *Pro und Contra*, this book has been geared right from the start to the English student of French instead of the public of a foreign newspaper, and has not been founded on the views expressed by the author's friends, as in Leonhardt's case, but on an opinion poll, carried out in Nice among a representative sample of *lycéens* (in the *Terminale* before the *bac* and the *Khâgne* before the *concours* for the *Grandes Ecoles*) and of *étudiants* of the *Facultés de Lettres, Droit, Science, Médecine*: almost 200 answered a long questionnaire which provides the basis for the arguments *pour ou contre*. The age range of 17–23 should largely correspond to that of the English students who might use this book, and the French students were in fact encouraged to convey their views frankly and forcefully to their English contemporaries.

Naturally, the arguments had to be adjusted to some extent, but retaining a particular respondent's wording wherever possible, even at the expense of purity of language or consistency of style. They were supplemented by additional points, though care was taken *not* to exhaust all possible arguments, leaving students with nothing to add of their own. Also, a short introductory passage on each subject has been added to provide a factual historical and statistical outline before the controversy begins. It is hoped that this French background information will put the subsequent discussion into perspective. The order of the *pour* and *contre* sections varies from topic to topic, the first group of arguments reflecting the majority opinion each time. Some of the more emotive and original convictions expressed by the students are quoted separately, where possible with their Christian names and ages. Finally, the reader will find the complete results of the *Sondage*, with a summary of some interesting trends which emerged from the analysis and assessment of the processed answers, including a few marked differences between the views of boys and girls.

It must be emphasized, however, that this one-man poll was carried out only in Nice, and that the results only reflect the views of a narrow age-range still studying full-time; overall, the statistical margin of error should not exceed 5–10%.

It is hoped that this book, with its freely and generously expressed range of opinion (unlike that obtained in the strait-jacketed polls of the professionals) will provide discussion and essay material for English students of French language, life and institutions in Sixth Forms, Universities, Polytechnics, and Colleges of Further Education, as well as serving as a background reader containing the thoughts, ideas and sentiments of French students of the same age. It should enable the English students to compare their own individual and collective reactions and conclusions on each subject with those of the French, and in so doing arrive at a deeper understanding of some of the differences between the two cultures which exist despite a strong trend towards similarity of outlook among young people.

At the back of the book, there are a few Notes in English on names and expressions which may be unfamiliar to some readers. There is also a section of 50 Essay Subjects, covering each of the 36 themes; some of them were set by French universities for the baccalauréat. By discussing, with the help of this book, the pros and cons in an unbiased, rational way, students should be able to improve rapidly their oral fluency and the accuracy of their essay writing, and succeed in treating complex arguments in a lucid, balanced way.

In conclusion, I should like to thank most warmly the *lycéens* and *étudiants* who have contributed to this book, as well as the teaching and administrative staff who have helped to provide the opportunity, particularly M. Viola and Prof. Marambaud (Faculté des Lettres), M. and Mme Pérès (Lycée Masséna and Faculté de Droit), Mme Damiano and M. and Mme Gatta (Lycée Parc Impérial), Mlle Sedillon and M. Raybaud (Lycée Calmette), Mme Ferrieu (Lycée Technique Hôtelier), M. Senia (Collège Stanislas). I am also grateful to the brilliant French cartoonists for their permission to reproduce their *dessins humoristiques* which enliven this book, and to Mr Robin Sawers and Mrs Diana Hornsby of Harrap for their valuable help.   E.S.

Transport et voyages

1 L'auto

Depuis l'ancêtre de l'automobile, le fardier à trois roues de Cugnot, propulsé par un moteur à vapeur (1769), la France occupe une place de choix dans ce domaine de l'invention. Aujourd' hui, elle possède, proportionnellement à sa population, le plus grand nombre d'autos en Europe après la Suède – une pour deux habitants et demi. Le caractère individuel de l'auto convient aux Français, qui n'aiment guère la foule, et toutes les couches de la population «roulent auto»; bien des familles en ont plusieurs, leur standing rehaussé par une grande marque comme Mercedes. Actuellement signe inéluctable de la prospérité, l'auto ne sera-t-elle plus demain qu'une épave, témoin de la vie insalubre au XXᵉ siècle?

Pour

1 L'auto a ajouté une nouvelle dimension à la qualité de la vie; elle permet une grande liberté de choix, tant pour les itinéraires que pour les horaires, et évite les contraintes des transports publics.

2 Elle est spécialement pratique si l'on voyage en famille, pour transporter les enfants, les bagages, les animaux. Idéale pour les vacances, elle raccourcit les distances et sa mobilité facilite la découverte de nouveaux paysages, à son rythme et selon ses goûts.

3 La voiture est devenue indispensable comme symbole d'indépendance individuelle et de réussite sociale; sa vitesse donne un sentiment de puissance.

4 La France produit 10% de la fabrication mondiale: c'est un secteur vital de l'économie nationale.

> Qui n'a pas une voiture? – Elle rassure, rend plus mûr. – C'est la liberté total. – Elle permet une certaine intimité . . .

Contre

1 L'essence brûlée par les autos représente 20% du pétrole importé, gaspillage égoïste, étant donné que 80% des autos servent au seul conducteur; elles deviennent de plus en plus cher et causent toujours des ennuis.

6

2 Nous sommes esclaves de notre voiture dont on ne peut plus se passer même pour faire 100 mètres – l'homme moderne ne doit pas oublier qu'il a des jambes.

3 Nos belles villes sont envahies par les autos: il n'est souvent plus possible de se garer, et elles devraient y être interdites – perte de temps et baisse de la production sont énormes.

4 Les embouteillages et le bruit usent les nerfs, le dégagement d'oxyde de carbone et de plomb empoisonne poumons et cœurs, et peut causer des cancers chez les conducteurs comme chez les piétons.

5 L'auto, digne successeur des épidémies du passé, n'est pas seulement à l'origine de maladies meurtrières, mais d'un vrai carnage: 13.500 personnes sont mortes sur les routes en 1981, piétons et deux-roues inclus, et 325.000 y ont été blessées. C'est une des drogues de notre temps: aggressivité anti-sociale et énervement angoissé, jusqu'à la mort prématurée.

> Un objet d'amour fou qu'on bichonne, que l'on soigne mieux que les gens qui nous entourent. *Nathalie, 17 ans*
> Symbole de notre aliénation, elle prive l'homme de sa liberté et l'éloigne de la nature. *Philippe, 20 ans*
> Elle fait partie intégrante de notre vie, mais certainement pas du mieux-vivre. *Pascale, 21 ans*

2 Le train

Il y a bien plus d'un siècle que Thiers[1] est allé voir la ligne Liverpool–Manchester et s'est déclaré contre les chemins de fer, et qu' Arago[2] craignait que la locomotive puisse éclater dans le froid des tunnels. Maintenant la S.N.C.F.[3] est un modèle d'efficacité et d'exactitude, en tout cas sur les grandes lignes: le luxueux «Mistral» Paris–Nice, avec bars et boutiques, est célèbre depuis longtemps, mais surpassé en 1983 par le T.G.V.[4], climatisé et avec cinéma, qui couvre le même trajet en 6h 50. Vitesse et automatisation sont en évolution rapide et la cybernétique du rail avec conduite électronique à 280 km/h se dessine dans un proche avenir.

Pour

1 Pour les distances moyennes, c'est la façon la plus sympathique de voyager; le train permet la détente, délivré qu'on est de tout souci de l'organisation du voyage.
2 Il roule plus rapidement que la voiture et offre plus de liberté et de confort: on peut, selon sa fantaisie, se promener, manger, boire sans crainte, lire ou dormir, et toujours se relaxer.
3 Faible consommateur d'énergie, ce moyen classique de transport, plus sûr et moins cher que les autres, permet de contempler à l'aise des paysages de qualité; il y règne une ambiance «géniale», on fait des rencontres enrichissantes, on communique. On gagnerait à le redécouvrir.

> Il y a toute une mythologie personnelle des trains, enrichie par de nombreuses lectures ou des films vus. Un rêve: le trans-sibérien . . . *Pascale, 21 ans*
> Il y a une «poésie» des voyages en train: on peut regarder les gens, tout doucement lier connaissance et même tomber amoureux . . . *Emmanuel, 18 ans*

Contre

1 Esclave des horaires, on a moins d'autonomie qu'avec sa propre voiture et les changements, avec de longues attentes, font perdre du temps et peuvent être fatigants.
2 Le train est monotone et ennuyeux pour les longs trajets. Sur les lignes secondaires il y a encore trop de wagons vétustes et crasseux, et de gares délabrées.
3 Beaucoup de ces trains sont trop lents et manquent de tout confort; on est trop serré dans les compartiments qu'on doit partager avec des gens désagréables qu'on supporte mal.

> Rétrograde – sent trop le passé – effet déprimant que je m'explique mal.

3 L'avion

A peine un demi-siècle après la première traversée de la
Manche en 1909 par Louis Blériot et de la Méditerranée en
1913 par Roland Garros, les moteurs à réaction avec leurs
ailes en flèche, volant à 900 km/h, prennent le relais des
paquebots légendaires pour les liaisons transatlantiques.
Depuis 1950, l'élévation du niveau de vie et l'aménagement
des tarifs, surtout grâce aux charters, ont multiplié par 30 le
nombre de passagers, transportés par Air France à
l'extérieur (85%) et par Air-Inter à l'intérieur du pays.
Concorde, le supersonique franco-britannique, est un
prodigieux succès technique, sinon, hélas, financier.

Pour

1   L'avion permet à l'homme, à travers le monde entier, de
faire en trois heures (Paris–New York en Concorde) ce qu'il
faisait, il y a 200 ans, en six mois.
2   C'est une fantastique victoire sur les limites naturelles:
de son fauteuil, le voyager peut contempler un nouvel aspect
de la terre – les grandes chaînes de montagnes enneigées, les
longues rivières argentées traversant les vallées, les champs
et les prairies, parsemées de toutes petites maisons telles des
jouets.
3   L'avion donne une sensation de liberté, de légèreté,
d'évasion: il est le symbole prestigieux du progrès et de la
conquête de l'espace, infiniment plus souverain que l'auto et
néanmoins plus sûr. C'est l'accomplissement du rêve d'Icare.
4   De plus, on est choyé par des hôtesses qui veillent sur
tous vos désirs et vous apportent des repas appétissants et
des boissons rafraîchissantes. On peut laisser vaguer son
imagination . . .

> Quand j'étais petit, je rêvais d'être un ange. Grâce à
> l'avion, je réalise mon désir d'avoir des ailes.
> *Christian, 22 ans*

Contre

1   L'avion est trop rapide: on perd le goût de vivre. La
rapidité empêche une adaptation au changement de pays,
continent, climat, heure, d'où un dépaysement brutal qui
fatigue et détraque.
2   De l'autre côté, on gaspille beaucoup de temps à gagner
les aéroports éloignés de la ville, et l'on est contraint à de
longues attentes avant de pouvoir monter dans l'avion qui
est fréquemment en retard.
3   En somme, pour les distances de moins de 2000 km,
l'avion n'est guère plus rapide mais nettement plus cher que

le train ou l'auto; en plus, les bagages qu'on peut emporter
sont limités.

4 On ne peut pas se déplacer ou observer les gens qui vous
tournent le dos; on s'ennuie et se sent enfermé et isolé.
Quant aux repas, ils ont le goût du plastique qui les
enveloppe.

5 Il y a inévitablement des moments d'anxiété au décollage
et à l'atterrissage, et ça donne le vertige et fait mal aux
oreilles. Les accidents sont très rares, mais on est exposé aux
dangers que comportent les orages et le brouillard, surtout
près des montagnes. On reste toujours conscient qu'en un
clin d'œil l'avion peut s'écraser ou s'enflammer et tuer tous
les passagers.

> Dommage pour le charme du voyage qui n'existe
> plus; c'est trop propre, inhumain.   *Florence, 20 ans*

4 La moto

Durant les cours, les trottoirs devant les lycées sont obstrués
par plusieurs centaines de motos, entassées les unes contre
les autres: cyclomoteurs pour les 14 à 15 ans, vélomoteurs
pour les 16 à 17 ans, motocyclettes (parmi lesquelles les
prestigieuses japonaises sont reines) pour les plus de 18 ans.
C'est le rêve des jeunes, leur monde tout à eux. Quand ils
sortent du lycée, ils caracolent sur leurs machines en petits
groupes, admirés par les filles dont les plus hardies sont
prêtes à se laisser emporter à vive et bruyante allure,
accrochées étroitement à leur cavalier motard.

La moto entre copains («minets») permet de s'évader des
contraintes de la famille; peut-être sert-elle encore
davantage pour communier en bande dans une mystique, qu'
à se déplacer. Le motard cherche à acquérir son statut de
héros adulte, consacré par la puissance de sa machine en
vitesse et en bruit, et par le défi lancé au danger et à la
société de consommation, détestée pour sa recherche de la
sécurité.

Tout un langage moto s'est créé: quand elle est petite, elle
s'appelle «pétoire», grosse elle est «quatre pattes»,
autrement la «bécane», «chignole» ou «chiotte». On
enlève des «gonzesses» (filles) en roulant «plein pot»
(vite); quand on est «frappé» (roule trop vite), ça peut
mener à «plier la bécane» (un accident). La
«concentration» (rassemblement) se fait dans un bar, lieu
où les motards retrouvent l'atmosphère de leur subculture.[5]

Pour

1 La moto est économique, il n'y a pas de frais d'entretien, ni de garage, parking, vignette[6]; elle est pratique en ville, adaptée aux embouteillages. C'est un moyen de défoulement et d'évasion pour retrouver la soif de l'aventure, le goût de la liberté – passion des 16 ans.

2 Elle est le symbole de l'autonomie; le vrombissement du moteur quand on se faufile entre les voitures détestées et ne se soucie pas trop des feux rouges; la puissance de la machine, l'ivresse de la vitesse, la visière du casque baissée pour aller à la conquête du temps et de l'espace.

3 La beauté plastique d'une grosse cylindrée allie l'esthétique à la vitesse, ressentie dans le corps-à-corps avec la machine. Ce plaisir physique intense de la balade en groupe fait vibrer un sentiment aigu de solidarité.[5]

> «A pied et sur ma moto j'suis pas l'même, ça m'a donné un petit coup de pouce pour que j'existe; la bécane c'est un cheval qu'on caresse.»[5]
>
> C'est la vitesse en direct et la perception grisante du danger, la grande indépendance et la bonne douche les mauvais jours.   *Florence, 20 ans*
>
> Les motards sont les derniers cowboys.
> *Emmanuel, 18 ans*

Contre

1 La moto est trop vulnérable, souvent meurtrière, la protection minime: elle cause 2500 morts par an et beaucoup plus de handicapés à vie, quatre accidents de moto pour un d'auto. Les tarifs des assurances sont devenus prohibitifs.

2 L'engin est trop bruyant, la pétarade lancée par indifférence ou provocation affole les piétons. Souvent le pot d'échappement est trafiqué et le silencieux enlevé pour pouvoir se lancer comme un bolide ronflant à fendre la tête. Les pots d'échappement indémontables doivent devenir obligatoires.

3 Incommode et dangereuse par temps de pluie, neige ou verglas, et fort polluante, la moto pousse à la violence et l'abrutissement tout à la fois. A proscrire en ville, et persuader les parents de ne pas les acheter.

> Contre. Je viens de perdre deux camarades dans un accident. Ils avaient 18 et 19 ans.   *Patricia, 18 ans*

5 L'autostop

C'est une pratique née de la pénurie et du coût élevé des moyens de transport publics. Beaucoup de jeunes se trouvent dans la nécessité de s'en servir, ou simplement est-il à leur goût de profiter des automobilistes seuls comme transporteurs à titre gratuit. C'est une forme d'évasion que de se fier à des inconnus – aventure qui parfois peut se terminer tragiquement.

Contre

1 C'est hasardeux, il ne faut pas être pressé: que de temps perdu à attendre au bord d'une autoroute polluée, pendant des heures, une âme charitable!

2 Il y a pas mal de risques, surtout pour les filles seules. L'autostop est, hélas, exploité par des gens malhonnêtes ou criminels (vols, viols, meurtres). C'est partir sans savoir sur qui l'on tombera et quand on arrivera.

3 C'est dégradant, une sorte de mendicité, une manière de vivre aux crochets des automobilistes. Une expérience considérée comme grisante par ceux qui s'émeuvent de peu, un abandon à la facilité. La bienveillance du conducteur est d'ailleurs souvent entachée d'intentions moins avouables.

> On voyage à peu de frais, mais à nos risques et périls. *Sylvette, 17 ans*

Pour

1 Le mode de voyage idéal pour un grand nombre de jeunes qui n'auraient pas autrement les moyens de se payer des vacances.

2 C'est un moyen de partir au hasard, dans l'espoir de vivre de bonnes aventures, c'est le charme de l'imprévu, la vraie liberté.

3 L'autostop permet de se mettre soi-même à l'épreuve: il faut oser tout d'abord, il faut être aimable, il faut avoir confiance en autrui, ce qui semble de moins en moins facile. Enfin, il faut savoir prendre ses responsabilités.

4 Bien sûr, les sages parleront des dangers: conducteur fou, saoul, sadique en vadrouille[7]; mais les habitués parleront de formidables rencontres, de discussions intéressantes, de visites du pays par les autochtones.

> J'en ai fait deux fois dans ma vie. Chaque fois avec une dualité en moi: «Qu'est-ce que penserait ma mère?» et «Après tout, pour quelques kilomètres, cela vaut la peine.» *Isabelle, 19 ans*
> Super, mais il faut partir robe courte, joli minois et formes arrondies. Je ne suis pas candidat.
> *Jean-Michel, 23 ans*

6 Les voyages à l'étranger

La France est un pays pour satisfaire tous les goûts des vacanciers, avec une rare variété de paysages, de la Bretagne, en passant par la Loire et les Hautes-Alpes, jusqu'à la Côte d'Azur. Les Français aiment leur cuisine et leurs coutumes, et avant guerre la plupart préféraient rester dans leur pays. Avec la nouvelle prospérité et l'acquisition des plus longs congés payés d'Europe, autant que la montée du sentiment européen, favorisée par un déclin du chauvinisme, les Français se sont joints au tourisme de masse. Surtout, les jeunes se tournent de plus en plus vers les pays exotiques où ils cherchent à échapper aux contraintes de la société de consommation en faveur d'un «primitivisme» plus libre et véridique.

Pour
1   Les voyages permettent, à travers les connaissances d'autres pays, peuples, civilisations, mœurs et coutumes, d'ouvrir l'esprit sur les merveilles et les curiosités du monde et d'élargir son horizon en prenant conscience de l'existence des autres et de leur manière de voir les choses. Pour les mieux comprendre, il faut s'intégrer à leur ambiance et culture, parfois étranges.

2   En connaissant mieux les pays du monde, on devient plus fraternel, et en sortant du train-train de la vie quotidienne on apprend la tolérance. Cette découverte, cette richesse au niveau personnel, aboutit à une communication entre les civilisations; on apprend à savoir accepter les différences et, en même temps, à mieux connaître son propre pays.

3   Aller à l'étranger permet de prendre du recul par rapport à ses problèmes, de se débarrasser des sentiments d'orgueil et d'égocentrisme. Satisfaire pleinement sa curiosité pour d'autres cultures, voilà qui est plus passionnant que de se borner à l'appréciation de son pays – il faut se libérer des tendances ethnocentriques qui sommeillent en chacun de nous, en se dépaysant et changeant de manière de vivre pour quelques mois.

4   On devrait vraiment tout faire pour faciliter l'accès des voyages aux lycéens et étudiants: ils sont un complément indispensable de l'éducation. S'épanouir, rencontrer de nouveaux amis, réfléchir, apprendre à s'adapter à d'autres milieux, enrichit la personne et forge le caractère, mieux que tous les livres.

5   Il faut approfondir nos connaissances des langues étrangères, pour savoir établir un contact plus proche avec les gens et apprendre à se débrouiller seul. Ainsi on pourra se laisser aller à l'aventure sans trop savoir où l'on va, à la rencontre de l'inconnu.

Contre

1 Qui connaît vraiment son pays? – La plupart des gens ont encore beaucoup à découvrir chez eux. Les fanatiques de voyages, qui pensent toujours que le bonheur se trouve où ils ne sont pas, oublient quelquefois les richesses plus proches d'eux.

2 Les pays se ressemblent de plus en plus: le tourisme de masse a créé des ghettos où les visiteurs sont isolés de toute contamination indigène, sauf des produits d'un commerce folklorique envahissant. Les grands hôtels sont uniformes partout et le voyageur retrouvera à l'étranger ses restaurants, ses bistrots et ses bars.

3 Les voyages organisés des agences perdent le principal intérêt, la découverte; les cabanes pseudo-exotiques et pseudo-primitives genre Club Méditerranée sont isolées du cadre étranger et créent leur propre atmosphère nostalgique.

4 D'un côte, les touristes ne voient souvent rien que la confirmation de leurs préjugés ou en forment de nouveaux; de l'autre, libérés de leurs complexes, ils tendent à se comporter plus mal que chez eux et renforcent encore la mésentente des peuples.

5 Les voyages à l'étranger sont devenus une mode et l'on se croit déshonoré si l'on n'a pas été au Kenya ou en Thaïlande; ça fait chic d'envoyer des cartes postales qui impressionnent. Or, beaucoup de touristes sont indifférents aux voyages et n'y trouvent aucun intérêt: on les voit rédiger leur courrier ou tricoter pendant la descente du Rhin. On peut s'évader de son pays, mais non pas de soi-même.

Sports et loisirs

1 Le football

Les origines des jeux de balle remontent même plus loin que
la «sphairomachia»[1] des Grecs et le «follis»[2] des Romains.
Au moyen âge, les matchs de «soule» en Normandie et
Bretagne, et de «choule» en Picardie, successeurs des
tueries entre villages, auxquelles assistaient des foules aussi
fanatiques que maintenant, étaient si violents qu'il y avait des
morts. Au XVIe siècle, Henri II[3] et Ronsard[4] y jouaient eux-
mêmes devant l'église St. Eustache de Paris.

Aux temps modernes, des étudiants anglais introduisirent
le football au Havre en 1872, et en 1906 l'équipe de France
perdit sa première rencontre avec l'Angleterre 0 à 15, avant
de prendre sa revanche en 1921 à Paris, avec une victoire de
2 à 1.[5] Depuis, comme dans le monde entier, le football est
devenu le sport le plus populaire en France, malgré la
préférence pour le rugby dans le sud-ouest et l'enthousiasme
à l'égard du Tour de France des cyclistes.

Pour   I   C'est le plus beau de tous les sports: les joueurs ont besoin de beaucoup d'adresse pour maîtriser le ballon avec un pied, puis de le garder en dribblant, et finalement de tirer sur le but ou de le passer au mieux placé. Pour réussir un match de 90 minutes, il leur faut une stratégie et une tactique de pointe, et des qualités morales et physiques telles que la vigueur, l'endurance, la résolution, la flexibilité du corps et de l'esprit.

2   Le football est avant tout un jeu d'équipe où chacun doit s'intégrer dans le groupe en une complète maîtrise de soi, ce qui développe l'altruisme, la camaraderie et la loyauté.

3   C'est un beau moyen d'exalter les jeunes, même les filles, une passionnante détente, un défoulement total.

4   Davantage un sport de supporters que d'actifs, il crée une distraction pour les spectateurs qui a remplacé les anciennes fêtes populaires, et permet de se libérer de ses sentiments d'agression et de s'affirmer soi-même par le culte de son club, et de son patriotisme local ou national.

Contre   I   Les Français oublient qu'il existe d'autres sports, parce que le football accapare les chaînes de télévision à leur détriment. Ce sport inesthétique et abrutissant, pilier de l'édifice social, envahit trop la vie des familles; on le regarde avec ses pantoufles.

2   C'est du spectacle et non du sport: l'exploitation commerciale est partout. Les joueurs sont plus intéressés par l'argent que par le jeu, ils se laissent vendre au plus offrant. C'est du show-biz et une bonne affaire: on peut s'enrichir vite sans travailler.

3   Le football est une école de brutalité et de malice: les joueurs risquent toujours de graves blessures, délibérément infligées.

> C'est un sport trop mitigé, je préfère la violence farouche du rugby, son âpreté.   *Pascale, 21 ans*
> Courir derrière un ballon! On devrait leur donner un ballon à chacun – ils courraient moins!
> *Jean-Michel, 23 ans*

2 Le sport pour l'argent

Dès le XIIIe siècle, «desport» signifiait «amusement», surtout pour la Cour et l'aristocratie, comme le jeu de paume, ancêtre du tennis, pratiqué par Henry V d'Angleterre. Au XIXe siècle, la bourgeoisie aisée prit goût au sport en tant que distraction et fonda en 1882 le

«Racing», premier club pour tous les sports en France.
L'amateurisme régnait par définition parmi cette classe sans
soucis matériels et la compétition leur permettait de
rivaliser gratuitement et de se libérer de leur énergie en
excès.

Mais au cours de notre siècle, le sport a de plus en plus
attiré toutes les couches de la population et le progrès
pousse irrésistiblement vers une efficacité dans la
performance qu'on ne peut plus atteindre comme amateur.
Avec la popularité croissante des jeux du stade, retransmis
par les médias, naît la conception de la valeur commerciale
des vedettes sportives d'humble origine – souvent leur seul
moyen de réussir dans la vie et de s'enrichir. Le spectacle des
masses est pris en charge par les hommes d'affaires et par la
publicité des fabricants qui balaie les derniers scrupules des
sportifs qui acceptent de se transformer en hommes-
sandwich. Ils accumulent des gains comparables, en quelques
semaines, au gain d'un ouvrier ou employé pendant toute sa
vie. Chose curieuse, il y a rarement des protestations contre
les gains des vedettes, dans le sport de même que dans toute
l'industrie de l'amusement.

Contre 1 Le professionnalisme détruit le but même du sport, qui
vise à l'épanouissement autant physique que psychique de
l'individu; l'argent dénature l'acte sportif qui devient centré
sur le profit. Il en résulte une vaste affaire financière.
2 L'argent dégrade l'esprit du sport, l'avilit; le
professionnalisme est une perversion de l'idée sportive. Ce
n'est plus du sport, mais un gagne-pain. Beaucoup de joueurs
pensent seulement à ne pas prendre le risque de se blesser à
cause de l'argent qu'ils perdraient de ce fait.
3 L'argent intensifie la lutte et ce qui dans le sport était de
bon aloi devient esprit de lucre. Le fair-play disparaît, le
sport se transforme en entreprise qui se doit d'être rentable;
les sportifs sont transformés en mercenaires.
4 On assiste à des transferts de joueurs pour des sommes
scandaleuses. Il est anormal qu'on gagne des millions dans un
sport, alors qu'un manœuvre, qui s'exténue huit heures par
jour devant des machines bruyantes, ne gagne qu'un salaire
modeste.
5 Le sport uniquement pour l'argent mène trop facilement
au dopage; aussi y a-t-il des cas où un coureur laisse gagner
son adversaire pour toucher une prime.
6 L'argent détruit le plaisir de jouer, prostitue le sport, le
pollue; celui-ci n'est pas fait pour se cantonner dans un but
précis: gagner. Il devrait avoir pour but de retrouver un
équilibre qui est menacé de nos jours.

Pour

1 Le sport ne peut pas rester à part: il reflète le monde contemporain avec son goût du gain à tout prix. Seul l'argent permet le sport de haut niveau, un amateur ne peut pas s'y consacrer pleinement. Il faut du «sponsoring» pour financer l'organisation des compétitions.

2 Libre à chacun de décider de son métier: nombre de professionnels pensent d'ailleurs d'abord à la performance et ensuite au profit. Il est normal qu'ils soient rémunérés.

3 Il faut en profiter tant qu'on en est capable: si l'on peut s'enrichir par le sport, tant mieux. Les vedettes de cinéma et de musique pop gagnent autant ou plus. Il y a des manières cent fois plus sordides de se faire de l'argent.

4 Il faut bien que les sportifs, eux aussi, assurent leurs «vieux jours» qui peuvent venir plus vite qu'on ne pense: une fois passés les 25 à 30 ans, c'est, la plupart du temps, le déclin.

5 Il est inévitable dans une société où tout ce qui a de la valeur se monnaie, que les sportifs joignent l'utile à l'agréable – une danseuse est payée, pourquoi pas une patineuse?

6 En tout cas, ce sont surtout les vedettes de tennis, de football et de courses automobiles qui font fortune; athlétisme, natation, aviron, judo, escrime, et même le cyclisme, n'apportent que peu.

3 Les jeux olympiques

Les jeux grecs de l'antique Olympie furent renouvelés sur un plan international par le baron Pierre de Coubertin (1863–1937), ardent champion d'une pédagogie sportive d'après le modèle des «public schools» anglaises, pour développer le patriotisme, la confiance en soi et une moralité austère. Même avant les premiers jeux à Athènes en 1896, Coubertin voyait clairement les avantages et les inconvénients

inhérents à la pratique du sport: «Son action sera
bienfaisante ou nuisible selon le parti qu'on en saura tirer ...
Le sport peut mettre en jeu les passions les plus nobles
comme les plus viles; il peut développer le désintéressement
et le sentiment de l'honneur comme l'amour du gain; il peut
être chevaleresque ou corrompu, viril ou bestial.»
Remarquable prophétie.

Pour

1   Le statut d'amateur, exigé par l'idéal olympique, est un
anachronisme de nos jours: l'entraînement pour aboutir à de
nouveaux records exige tout un appareil professionnel
autour de l'athlète. Celui-ci doit se consacrer entièrement et
scientifiquement à sa spécialité sportive, comme c'est déjà le
cas depuis longtemps dans les pays de l'Est.

2   Les athlètes deviennent plus combatifs quand ils
représentent leur patrie; cela fait naître en eux le sentiment
d'appartenir à une nation. Ils sont l'incarnation de cette
nation qui participe à leurs victoires comme à leurs défaites.
Mais les impulsions agressives des peuples et des individus
sont sublimées dans une grande fête paisible.

3   L'homme a besoin de compétitivité et de victoire: les
performances, réalisées en un festival sportif de toutes les
nations, font toujours reculer les limites de l'impossible.

4   Les jeux permettent aux athlètes, qui se mesurent entre
eux dans l'estime et la fraternité, de se rapprocher et
d'oublier les querelles politiques qui divisent leurs pays. Les
liens entre leurs peuples se resserrent – c'est la seule image
qu'on ait de l'égalité de tous les hommes, qu'ils soient blancs,
noirs ou jaunes.

5   C'est la plus prestigieuse compétition sportive – un
émerveillement pour les spectateurs qui participent au
monde de l'effort et de la beauté physiques; autant qu'une
épreuve corporelle c'est une discipline spirituelle.

Contre

1   Ce n'est plus ce que c'était: les motivations d'origine à la
gloire du sport ont disparu. L'ambiance de Coubertin est
bien loin – on ne fait plus le sport pour le sport. Ce sont des
machines humaines, sciemment manipulées, qui s'affrontent,
et non des personnes.

2   Les jeux ne servent plus à rapprocher les peuples, mais ils
les séparent plutôt; ce ne sont pas les athlètes qui
concourent, mais les nations – dans un affrontement de
nationalismes devant un public nationaliste. La cérémonie de
consécration des champions, avec ses drapeaux et ses hymnes
nationaux en est un symbole éloquent.

3   Le sport est sain, mais les compétitions à outrance
peuvent être nuisibles à la santé. Le sport favorise l'amitié,

mais les jeux olympiques donnent souvent lieu à une manifestation où racisme et antagonismes idéologiques s'affrontent – donc un terrain politique de plus (ainsi que l'ont démontré la tuerie de Munich et l'absence des Américains à Moscou). D'ailleurs, beaucoup de «gros sous» sont en jeu.

> Une grande mascarade, un rendez-vous d'intérêts politiques et économiques: cela n'a plus rien de jeux, et moins encore d'olympique. Pourquoi garder un nom de façade? *Claire, 18 ans*

4 L'alcool et le tabac

En France, on boit plus que dans tous les autres pays du monde: 27 litres d'alcool pur par adulte, trois à quatre fois plus.qu'en Angleterre ou aux Etats-Unis. 20% de la population boit à l'excès et 1.700.000 sont des alcooliques; 10% des lycéens le sont déjà potentiellement, mais – signe encourageant – 30% des garçons et 50% des filles ne boivent jamais.

Le coût social est astronomique: 20.000 personnes meurent tous les ans de la cyrrhose du foie et 50.000 d'autres maladies dues à l'alcoolisme; 50% des accidents de la route et du travail, et 75% de la délinquance, sont causés par la boisson, 65% des enfants arriérés ont des parents alcooliques. Un litre de vin par jour augmente le risque de cancer de l'œsophage de dix fois; l'alcool cause 20% des hospitalisations, 35% des transfusions de sang et 50% des internements pour psychoses chez les hommes.[6]

Malgré ces statistiques accusatrices, les viticulteurs restent toujours un groupe de pression puissant et le vin fait partie d'une joie de vivre bien française.

Ce fut au XVIe siècle que Jean Nicot introduisit le tabac (et la nicotine) en France comme remède et bientôt des ministres comme Colbert et Necker[7] surent en faire la plus belle invention fiscale. Depuis, le tabac est devenu la drogue principale partout dans le monde; en France, 70.000 personnes meurent chaque année de cancers du poumon et de maladies cardio-vasculaires, causés par le tabac. 53% des lycéens et 40% des étudiants fument régulièrement, surtout les filles; mais les garçons fument et inhalent davantage. De plus en plus, les enfants commencent à fumer entre 10 et 12 ans et le tabagisme est à son maximum (65%) entre 17 et 18 ans. Le coût annuel en frais de santé et production perdue est estimé à plus de 4 milliards de francs, mais les 100.000 tonnes de tabac fumé rapportent 7 milliards à l'Etat.[8]

Contre **1** C'est un mythe que le whisky est bon pour le cœur : l'alcool dérange le métabolisme et peut causer un infarctus[9] ou une embolie cérébrale.

2 Les seuils de toxicité varient beaucoup chez les individus : une demi-bouteille de vin par jour peut aboutir à la cirrhose ou au cancer chez certains et une entière rendre alcoolo-dépendant.

3 Alcool et nicotine sont néfastes à la croissance du fœtus : ils peuvent mener à des atrophies et même à l'avortement spontané.

4 Les adolescents et les femmes fument de plus en plus pour affirmer leur émancipation. Si l'on pense que «mégot» [10] vient de mégander = sucer la mamelle! Loin d'être viril (à l'instar du père fumeur), le tabagisme crée une dépendance dont peu arrivent à se libérer avant que ce ne soit trop tard.

5 Les effets du tabac sont moins visibles que ceux de l'alcool, mais ils sont pires parce qu'ils contaminent dangereusement les non-fumeurs dans les lieux publics, et même les enfants à la maison.

6 Pour «faire comme les copains», le buveur essaie de noyer ses angoisses, ses inhibitions, et le fumeur de calmer ses nerfs. Ils sont doublement esclaves, de leur vice et de l'opinion des autres. C'est surtout néfaste dans l'isolement, l'ennui et la contrainte du service militaire.

7 Ces fléaux détruisent l'homme peu à peu, exploité par une société qui ne satisfait que trop ses besoins. Alcool et tabac sont plus nocifs que les drogues dures parce qu'ils sont disponibles à de faibles prix.

8 Une fois que l'on a commencé à y goûter, il faut une volonté de fer pour s'arrêter. Comme disait Tristan Bernard[11] : «Il n'y a rien de plus facile que de s'arrêter de fumer : j'y ai réussi au moins 40 fois.»

> Les plus grands criminels du siècle, ils nous mènent «en douceur» à un esclavage inconscient. Alors, pourquoi avons-nous choisi ce moyen pour nous libérer? *Anne-Marie*
>
> Mieux vaut boire de l'eau et manger du pudding, on vit plus vieux. *Eric, 19 ans*

Pour **1** Le bon vin est une boisson naturelle qui ne peut pas faire mal ; le «gros rouge» et le camembert du casse-croûte sont les fidèles compagnons de l'ouvrier français.

2 Le vin stimule l'esprit, donne des forces ; il en faut pour se sentir bien ensemble en compagnie. Dans l'ambiance du café-bistrot des jeunes, la boisson délie la langue et libère de l'angoisse et de l'isolement causés par les contraintes et les tensions de la vie quotidienne.

3 D'une manière semblable, la cigarette détent, rassure, confirme le statut d'adulte, rompt la glace et aide à communiquer dans le groupe.

4 Un «p'tit verre» et quelques cigarettes de temps à autre, ça ne fait pas de mal et réchauffe les cœurs au cours d'une soirée, sans abus ni excès.

5 S'il fallait supprimer tous les vices de l'homme, la vie serait terne; nous devons tous mourir de quelque chose.

> Pour! Je préfère vivre en enfer que mourir en paradis. *Christian, 22 ans*
> Ce ne sont pas des vices pour moi – que dire alors de la méchanceté, de l'indifférence auxquelles certains prennent plaisir? *Jean-Michel, 23 ans*
> Il faut savoir cultiver ses plaisirs, les savourer: un bon whisky, d'accord, se saouler au vin rouge, bah! Un petit cigare à l'occasion, mais quatre paquets de cigarettes par jour... *Pierre, 19 ans*
> Je suis pour l'ivresse qui apporte une version neuve du monde et contre l'ivrognerie qui ne fait que dégrader; je fume – peut-être je le regretterai un jour.
> *Emmanuel, 18 ans*

5 Les drogues douces

Les drogues sacrées, extraites de plantes magiques, remontent à la nuit des temps: le soma rituel de l'Inde de 1500 av.J.C., le philtre de la Pythie de Delphes, le peyotl de l'Amérique pré-colombienne. L'homme a toujours recherché l'hallucination dans l'euphorie et le rêve, étroitement liée à la religion et au sexe. Les poètes maudits du XIXe siècle, comme Baudelaire et Rimbaud, s'inspiraient des sensations produites par la drogue pour créer les paradis artificiels de leurs chefs-d'œuvre.

A notre époque, la drogue s'est démocratisée et a atteint surtout les jeunes qui essaient de s'évader de leur ennui et de leur angoisse, au contact de la société industrielle. Ils partent à la poursuite de sensations neuves dans un retour au primitif, au plaisir absolu de la première enfance. L'irrationnel remonte des profondeurs pour s'échapper des contraintes de la vie contemporaine.

Les rackets internationaux exploitent ceux qui sont asservis à la drogue – des centaines meurent tout jeunes en France de cette auto-destruction frénétique. Le nombre des toxicomanes a récemment augmenté de 30% (85%

d'hommes dont 70% entre 15 et 25 ans). Au Consulat français de Delhi, 6000 des jeunes pèlerins aux sources de la toxicomanie finissent chaque année par demander du secours; la plupart sont irrécupérables.

Le hachisch (et, récemment, la colle volatile «sniffée») ont envahi les lycées sous la pression de la mode et de la conviction qu'ils donnent la force de «tenir» aux examens redoutés. Un tiers des lycéens absorbent un peu de hachisch, 10% le prennent régulièrement, mais la plupart sans aller plus loin dans l'escalade; les filles s'en méfient davantage. A la base de cette évasion on trouve la chute des valeurs traditionnelles, la crise de la société et le désir de goûter au fruit défendu. La peur existentielle, la solitude devant un univers sans Dieu, sont devenues paradoxalement plus aiguës au sein de la prospérité.[12]

Contre

1   Le hachisch fait perdre la conscience du réel et le goût de la vie. Commencer à prendre une drogue, c'est se lancer sur une pente fatale: le désir d'en essayer d'autres augmente au fil des jours et il devient de plus en plus difficile de s'en sortir. On s'y habitue vite et on atteint le cap des drogues dures – on ne commence jamais avec elles, par contre on finit toujours avec.

2   Même la drogue douce n'est pas si inoffensive qu'on le prétendait – elle produit des troubles sensoriels, diminue le sens de la responsabilité, dispose aux accidents; utilisée longtemps, elle peut causer des déficiences physiques et génétiques, et des psychoses. Mais le danger principal est l'escalade à laquelle 20% des initiés succombent (surtout entre 18 et 22), 5% passant finalement de l'héroïne aux amphétamines fatales.

3   Si l'on levait l'interdiction du hachisch, il perdrait son prestige et l'on commencerait immédiatement avec l'héroïne – antichambre de la mort.

4   C'est un moyen lâche de fuir la vie et ses problèmes, une peur, un refus de combattre; c'est la décadence d'une civilisation. On passe du plaisir à une euphorie illusoire, à la béatitude, au néant – il y a là une filiation meurtrière.

> Ce n'est pas en se droguant que le monde réel change et devient rose.   *Adrienne, 19 ans*
> Je préfère me construire mon paradis la tête sur les épaules.   *Florence, 20 ans*

Pour

1   Nous prenons tous des drogues bien plus nuisibles que le hachisch: les toxicomanes de l'alcool, du tabac, des produits pharmaceutiques, voire du café et du thé, peuvent se faire

tuer en toute légalité aux frais des autres. L'interdiction de la drogue douce est une discrimination contre les jeunes.

2   Chacun devrait être libre de faire ce qu'il lui plaît, dans la mesure où il ne cause pas de mal à autrui. Fuir la morne routine de la vie quotidienne d'une société détestée est un but légitime de l'homme libre qui recherche un monde plus heureux au-delà ; cela ne regarde que lui.

3   Toutes les expériences sont bonnes ; ça fait partie d'une phase du développement de certains adolescents, les réconforte, leur fait oublier leurs problèmes.

4   La légalisation de la drogue douce serait peut-être le meilleur moyen de la combattre : la mode d'en prendre ne vient que d'une réaction d'opposition à un interdit.

> De temps en temps il faut pouvoir s'eclater quand on en a marre. – Le battage des mass médias à propos des drogues est exagéré. – Le mal est à prendre à la racine par un changement de société qui ne laisserait plus les gens en détresse.

6   Les films pornos

Les représentations pornographiques remontent loin dans le passé : elles se trouvent dans les fresques de Pompéi, la sculpture des temples de Kajuraho en Inde et dans les dessins chinois et japonais. Avec la tombée des tabous sexuels et de la censure, le cinéma français exploite légalement depuis les années 70 la curiosité d'un certain public.

Contre   **I**   Les films pornos, à la différence des films érotiques, sont dénués de sens, d'esthétique ; l'acte sexuel en soi est grotesque, ridicule, écœurant.

2   Le sentiment d'amour et la beauté de l'acte sexuel qui en résulte devraient être découverts avec émerveillement par les amants et non pas remplacés par le geste mécanique projeté sur l'écran.

3   C'est un pur phénomène d'exploitation commerciale par un mauvais cinéma qui avilit « acteurs » autant que « voyeurs ».

4   L'érotisme sain est une chose, la pornographie insidieuse pour les vicieux en est une autre – s'ils se confondent aujourd'hui, c'est parce que nous n'avons retenu qu'*un* aspect de notre héritage culturel.

5   Les gens bloqués sur le plan sexuel, loin d'être libérés de leurs inhibitions, ressentent encore plus leur échec et ils en ressortent traumatisés, l'esprit fourmillant d'images perverses.

6 Parmi les complexés qui cherchent ailleurs ce qu'ils pourraient trouver près d'eux, il y a aussi des sadiques et des détraqués mentaux qui s'y excitent à la violence et à la subversion.

> C'est triste et dégradant – ça tue l'érotisme, le désir se vulgarise – il y a d'autres moyens pour être heureux.
> C'est l'image qui est donnée de la femme qui me révolte: femme objet, femme bête, bestiale, femme offerte. *Anne-Marie, 21 ans*

Pour

1 C'est un divertissement comme les autres films qui forme partie de la libéralisation des mœurs; il ne faut pas en avoir honte. Avant, les films bleus se montraient en cachette, aujourd'hui ça ne choque plus.

2 Comme les prostituées, les films pornos ont un rôle social. Ils permettent de réaliser un désir refoulé et de satisfaire des phantasmes sexuels. Mieux vaut la permissivité que la censure.

3 Ces films initient les jeunes, atténuent la violence et diminuent la criminalité sexuelle. En répondant à un besoin, ils sont, en quelque sorte, une soupape de sécurité.

4 Ils sont moins dangereux que le tabac, la drogue ou l'alcool et ne polluent pas; nuisibles à personne, ils amusent et aident certains.

> C'est toujours la même chose, mais il faut en avoir vu au moins deux ou trois; les dialogues sont souvent rigolos, même tordants. *Roland, 22 ans*
> Pourquoi cacher ce qui se passe dans chacun des foyers du monde? – Nous vivons à l'ère de la chasse au plaisir, alors... *Gérard, 19 ans*
> Si ceci choque certains, eh bien, qu'ils n'y aillent pas. *Nathalie, 18 ans*

Education et Arts

1 Les examens et concours

Ils furent établis par Napoléon en 1808 comme moyens de justice sociale dans la sélection des cadres, excluant faveur et fraude. Depuis, le baccalauréat («bac») en fin de lycée reste le pivot des études en France; son programme est toujours surchargé, permettant peu d'initiative, et les questions sont trop théoriques pour la plupart des candidats, dont beaucoup se sentent bloqués à l'oral. Il y a peu de coordination entre les examinateurs et il paraît que certains donnent des cours privés à quelques candidats. Mais ceux qui ont échoué peuvent maintenant exiger qu'on leur envoie les copies corrigées.

Les grandes classes se trouvent dans les meilleurs lycées où, pendant deux ans après le bac, les élèves préparent les concours d'entrée aux Grandes Ecoles: Polytechnique «X» pour officiers et techniciens, Ecole Normale Supérieure pour professeurs et fonctionnaires, etc. A l'université, il y a un examen d'élimination à passer en première année, le diplôme en seconde, la licence en troisième et la maîtrise en quatrième. Pour devenir professeur de lycée il faut au moins le CAPES[1] et de préférence aussi l'agrégation, concours extrêmement ardu. Ce système d'examens, surtout de concours, et la «sélection par l'échec» qui en résulte, sont la cause d'une grande frustration.

Contre

1 Les candidats sont obligés de se bourrer la tête de connaissances encyclopédiques inutiles qu'ils auront oubliées deux mois après; ça n'a rien à voir avec la culture. Les «boîtes à bac»[2] en profitent.

2 Les résultats ne sont presque jamais le reflet des années d'études: on peut être bon élève et rater un examen.

3 On joue sa carrière, ce qui produit souvent angoisse et trous de mémoire; la peur, l'énervement, rentrent en jeu – on n'est plus réellement soi-même, on panique, perd ses facultés. En plus, le hasard peut faire de l'examen une pure loterie.

4 Les concours font naître un esprit corrompu de compétition et d'inégalité des chances qui écarte du savoir et du pouvoir une catégorie d'étudiants aussi méritants, et mène à un élitisme fondé sur l'intelligence et la classe.

5 Les examens ne permettent pas de juger de la valeur intrinsèque de l'individu, mais de sa capacité d'adaptation à un schéma pré-existant; ils ne servent donc qu'à la consécration de l'ordre social.

6 Il faut remplacer ces examens arbitraires, ces concours-guillotine, par un contrôle continu plus juste. Faisons confiance à l'étudiant et encourageons son amour d'apprendre!

> Y a du piston, y a du pot[3], y a les humeurs des correcteurs, y a le trac ...

Pour

1 C'est le seul moyen de vérifier les connaissances et tester les capacités intellectuelles et physiques d'un étudiant, dans le but d'évaluer son niveau et sa personnalité, et de pronostiquer son orientation d'après ses aptitudes.

2 Il faut bien sélectionner quand le nombre de candidats dépasse celui des places offertes et éliminer les moins capables et les paresseux. Ce tri permet d'établir une hiérarchie intellectuelle dans la société et de mettre les plus qualifiés aux postes de responsabilité.

3 Nous vivons dans un monde où l'on a besoin de faire ses preuves; la competition pousse au travail, oblige à l'effort pour apprendre à surmonter les difficultés qu'on va rencontrer dans la vie professionnelle. Se débrouiller seul en temps limité nécessite une maîtrise et une affirmation de soi: travaillerait-on vraiment si l'on n'avait pas d'examens?

4 La préparation d'un concours est une contrainte exigeante, mais c'est le seul procédé pour un recrutement équitable; sa suppression serait fondamentalement injuste.

> Je les exècre mais ils sont inéluctables dans notre société pour instaurer une échelle de valeur; sinon ce serait le royaume du «piston» et des «pots-de-vin».[3] *Odile, 21 ans*
>
> Je suis foncièrement pour une société élitiste, dans tous les domaines, une société qui privilégie l'obstacle. L'égalité relève de l'utopie – la vie est un combat et il faut passionnément se battre. *Pascale, 21 ans*
>
> On a cru «démocratiser» l'enseignement supérieur en diminuant la sélection qui, actuellement, n'est plus assez sévère. Résultat: trop d'étudiants avec un diplôme ne valant rien. *Marie-Hélène, 19 ans*

2 L'enseignement libre

Avant la Révolution, l'Eglise (surtout les Jésuites) avait le monopole de l'éducation en France. L'école gratuite, obligatoire et laïque d'Etat, qui exclut Dieu comme une menace pour la République, fut établie il y a un siècle dans une ambiance d'âpre conflit avec «l'école des curés». De nos jours, la longue lutte s'est apaisée: il reste toujours un secteur libre (un sixième de l'ensemble) avec 10.000 écoles et 2.000.000 d'élèves (à part les 1200 écoles privées laïques, spécialistes du rattrapage), complémentaire et intégré dans l'enseignement public. L'Etat, sous contrat d'association, tout en reconnaissant le «caractère propre» des écoles libres, prend en charge les salaires et 80% des frais, et veille à ce que l'enseignement soit en accord avec son modèle. Mais le projet socialiste d'établir un «service public unifié et laïc de l'Education nationale» semble aboutir à la nationalisation des écoles libres, en supprimant les crédits et leur offrant le choix ou d'accepter l'intégration au secteur public, plus ou moins uniforme, ou de voir leurs subventions retirées progressivement. Un pourcentage important de parents s'est dit prêt à payer en totalité si l'Etat retire son aide.

D'après un sondage SOFRES, 71% de la population est favorable au maintien de l'école libre; 77% des parents qui la choisissent le font pour son style pédagogique, sa discipline, son sérieux dans les études et son milieu social, et seulement 18% pour des motifs religieux. S'agit-il d'un paradis scolaire ou d'un bastion du traditionalisme?[4]

Pour   1   L'école libre ne s'occupe pas seulement de l'enseignement, comme c'est le cas dans l'école laïque, mais de tout l'être. Son éducation pour la vie est basée sur le respect de sa personnalité et sur la connaissance de l'Evangile et des valeurs morales.

2   Les parents qui sont mécontents du manque de discipline qui règne dans beaucoup d'écoles d'Etat peuvent choisir une école libre. L'enseignement y est plus strict et souvent supérieur, favorisant l'esprit de travail.

3   Les élèves y sont «tenus»: les mauvais, dont les lycées se débarrassent trop rapidement, sont recueillis avec sympathie dans des cours de rattrapage et ont le droit de redoubler la classe; les bons ne sont pas retardés par une «démagogie de l'égalité des chances.»

4   Les parents qui aiment la religion peuvent la faire pratiquer et aimer à leurs enfants; les écoles d'Etat ne la dispensent pas, plutôt l'athéisme. L'ambiance centrée sur l'individu fait moins sentir l'emprise de l'Etat et conduit à un meilleur épanouissement de l'enfant.

> L'enseignement libre permet aux élèves de se sentir moins anonymes et plus aimés que dans les lycées-usines.   *Claude, 21 ans*

ontre   1   C'est un terrain de conditionnement où l'on inculque un endoctrinement religieux qui compte plus que le savoir.

2   Il s'agit d'un système d'éducation dépassé, profondément injuste et anti-démocratique qui exploite enseignants (horaires plus chargés) et élèves (moins de liberté et davantage de travail).

3   Il y a détournement de fonds publics pour subventionner des snobs nantis[5], souvent incapables d'être acceptés dans le secteur public et qui réussissent finalement grâce à leur argent.

4   Les différences entre les classes sont renforcées par ce clivage; on ne doit pas faire une école pour les riches et une

pour les pauvres – il faut une même éducation pour tous, sans intervention de l'argent.

> Sous prétexte de liberté, on conserve certaines écoles dont le niveau est nettement inférieur à celui des écoles d'Etat avec des enseignants incompétents et où l'argent importe plus que les connaissances. *Pascale, 22 ans*

3 Les auteurs classiques

Chaque nation a ses auteurs classiques dont elle est fière et qui ont contribué à former son langage et son caractère. En France, l'influence de cet héritage, surtout du XVIIe siècle, est spécialement forte et domine toujours l'enseignement; mais certains pensent qu'en comparaison on néglige trop les contemporains.

Pour

1 Si ces œuvres ont survécu au fil des âges, c'est que leurs idées et la beauté de leur langage ont été appréciées; elles sont passées à travers une sélection sévère qui garantit leur valeur.

2 La perfection des modèles forme une partie intégrante de notre patrimoine; c'est grâce aux grands maîtres classiques qu'on arrive à comprendre l'esprit du pays.

3 Même s'ils paraissent éloignés du monde où nous vivons, leur universalité est encore d'actualité. Les profonds problèmes humains sont éternels et jamais démodés – ils représentent un héritage immuable.

4 Les classiques se sont déjà penchés sur nos préoccupations et, détachés du présent, nous transmettent une notion de relativité, indispensable à une vraie connaissance de la nature de l'homme.

5 Il faut écouter les anciens, même pour mieux comprendre notre époque et résoudre nos problèmes. Le changement est souvent éphémère, la tradition mieux fondée – on peut seulement créer du nouveau si l'on se base sur l'ancien.

> Ils sont plus actuels que les contemporains – en tout cas, les meilleurs d'aujourd'hui seront les classiques de demain!
> Leur objectif commun était de comprendre l'être humain en vue d'atteindre le bonheur – un but qui ne vieillira jamais. *Anne-Marie*

Contre

1 Leurs bouquins sont longs et monotones, leurs idées «barbantes»,[6] ils lassent les étudiants qui les trouvent

ennuyeux et rebutants. On leur accorde trop d'importance dans les programmes scolaires, ce qui risque d'entraîner un refus total.

2 La prédilection pour les classiques voile souvent une peur du présent et un manque de créativité; la tradition empêche l'évolution de la pensée. C'est une préoccupation rétrospective – mais tout art doit être progressif; nous ne pouvons rien apporter au passé, beaucoup à l'avenir.

3 Nous sommes de notre époque et devrions nous y intéresser avant tout: les contemporains nous parlent de nous, nous concernent directement. On passe trop à côté d'eux – le culte des classiques empêche souvent de les mieux connaître: «Il faut être résolument moderne.»

> L'étude des auteurs classiques ne sert plus pour trouver du travail. *Patricia, 23 ans*

4 L'art moderne

L'art a toujours été l'expression des aspirations de l'homme à la magie, la religion et l'esthétique, spontanément comprises par tous. Ce ne fut que l'impressionnisme qui, fondé sur une nouvelle conception optique, produisit une rupture entre l'artiste et le public. Mais un siècle plus tard, ces peintres sont idolâtrés par un public en opposition à l'art contemporain. La représentation naturaliste, perfectionnée par les grands maîtres du passé, est abandonnée : à la place de la narration picturale du monde extérieur, les artistes modernes ont créé un langage et des objets qui leur sont propres – une nouvelle réalité. Les pionniers du cubisme aux formes autonomes et discordantes, comme Picasso, et du surréalisme, consacré au rêve irrationnel de l'inconscient, comme Salvador Dali, sont, de nos jours, largement acceptés, mais souvent sans conviction, compréhension ou sympathie. La plupart des gens ne se sentent pas concernés, mais sont plutôt perdus devant l'art moderne auquel ils cherchent en vain à donner un sens.

Une nouvelle phase commença dans les années 50 avec le Pop'Art, Op'Art, art conceptuel, cinétique, happening etc., appréciés surtout par les jeunes qui se reconnaissent dans ces créations.

Pour
1 Il est absurde de se fixer aux modèles classiques, enfermés dans un carcan de règles ; si l'on se contentait de ce qui a déjà été fait, on n'irait nulle part sinon à une frustration artistique certaine.
2 S'exprimer est un facteur social. Le monde qui nous environne change et évolue sans cesse ; l'art doit faire de même, trouver un nouveau langage. Même s'il nous est encore incompréhensible, il traduit souvent ce que chacun ressent.
3 Il faut se démarquer par rapport aux autres générations, vivre avec l'art de son temps ; même s'il est choquant, il traduit les tendances, les inquiétudes de notre siècle.
4 La nouvelle conception de l'art, dans toute son autonomie, favorise la création d'une esthétique différente. La beauté ne réside plus dans l'achèvement d'une œuvre, mais dans sa gestation, son cheminement, son inachèvement même ; elle n'évoque plus une émotion sensuelle, mais abstraite, d'ordre intellectuel.

Contre
1 L'art moderne ne fait pas appel à un travail ou à des capacités artistiques : des taches sur une toile, parfois dues à un encrier qu'on y jette, ne peuvent guère être qualifiées d'art.

2 Il n'est pas assez concret et ne représente que des formes bizarres. C'est son côté abstrait qui répugne aux gens, parce qu'il n'est pas lié à la réalité.

3 Il est dénué de sens et ne passe aucun message vers l'homme, aucun symbole de l'époque: il ne ressemble à rien et ne signifie rien.

4 Il ne faut pas en faire l'éloge uniquement parce que c'est «moderne»: il tombe d'une part dans un intellectualisme sec, un manque de sensualité, une pauvreté d'inspiration, et, d'autre part, dans le conformisme – l'originalité individuelle est plus féconde que l'adoption d'un style collectif, fût-il moderne. Ces pseudo-génies se moquent des gens et exploitent leur bêtise et leur ignorance

> Quelle horreur! Je regarde et j'essaie de comprendre ou au moins ressentir autre chose que de la surprise.
> *Dominique, 22 ans*
> Les gens n'ont déjà pas l'art de vivre à notre époque, ils se sentent mal; alors pourquoi aimeraient-ils l'expression sublimée de cette époque?
> *Jean-Michel, 23 ans*

5 La musique pop

Elle a conquis la jeunesse du monde dès 1952 – expression sonore de sa solidarité dans la contestation et dans le désir de s'évader de la société de consommation «métro, boulot, dodo». Une contre-culture retourne aux sources de la musique populaire en combinant le tam-tam nègre, la chorale protestante et la flûte indienne.

En France, le rock'n'roll et, dans le bar «Golf Drouot» près de l'Opéra, Johnny Halliday, Sylvie et Sheila, partent à la conquête du public dans les années 60, suivis par les groupes «Chaussettes noires» et «Chats sauvages», et l'émission de radio «Salut les Copains». De Gaulle lance alors ce mot: «Ces jeunes gens sont pleins d'énergie, ils n'ont qu'à construire des routes»; en mai 68 les étudiants lui répondent. En même temps, le mouvement Pop, malgré son aspect révolutionnaire, se fait incorporer dans le système d'exploitation commerciale qu'il combat et qui sait profiter de son appel aux jeunes. Puis, dans les années 70, les lycéens et étudiants commencent à favoriser une musique progressive, folklorique et plus recherchée, souvent inspirée par les musiques de pays exotiques ou d'époques passées comme le baroque.[7] C'est un univers jeune où ils se sentent entre eux au milieu d'un vacarme qui les isole dans un monde d'émotion, de sexe et de violence.

Pour

1 C'est un besoin, un refuge, une détente, un puissant instrument de sensation qui permet aux jeunes de s'évader et d'oublier tous leurs soucis; ce sont des sons étranges qui entraînent, une explosion, un défoulement.

2 La musique pop s'écoute bien en groupe, rapproche – les concerts surtout sont des lieux de rencontre extraordinaires, d'une ambiance fantastique.

3 Il ne faut pas confondre la pop et le tapage: ce sont des instruments nouveaux et des sonorités aux racines profondes, une nouvelle technique artistique galvanisante, qui devrait être reconnue.

4 La musique pop a la même valeur que la musique classique, elle est aussi nécessaire qu'elle, chacune à son siècle: c'est la musique classique d'aujourd'hui, avec le jazz, la chanson, l'électro-acoustique.

5 Elle est le reflet de notre société, traduit l'attitude des jeunes face à la vie, exprime leurs malaises; dans notre monde discordant on a besoin d'affirmer cette dissonance – à la différence de l'harmonie de la musique classique traditionnelle.

> Elle crée un rythme très proche de moi – elle correspond à mon caractère – à haut volume elle me délasse – en dansant tout mon corps s'exprime.
>
> Certains groupes atteignent une telle perfection qu'ils arrivent à vous faire planer sans drogues. *Paul, 18 ans*
>
> Il faut apprécier le pop corn autant que les petits plats...[8] *Marie-Joëlle, 22 ans*

Contre

1 « La musique est un ensemble de sons agréables à l'oreille » – la pop n'est que des sons diffus, du bruit abêtissant, avilissant, incitant à la révolte.

2 Les effets sur l'ouïe peuvent être désastreux et causer un traumatisme acoustique; ils constituent un danger pour l'équilibre cérébral d'une jeunesse qu'elle drogue.

3 C'est une musique débile et dépassée qui ne transmet aucun sentiment sinon dans les textes simplistes et rebelles; on nous assomme toujours avec les mêmes chansons monotones et vulgaires.

4 Elle ne relève que d'une volonté commerciale sans aucun rapport avec l'art – pour toucher le plus large public au plus grand profit, elle enjôle les jeunes par le bruit et la facilité.

> Halte à cette cacophonie de bruits criards et assourdissants! Ça me casse les oreilles. J'aime la beauté et l'harmonie, valeurs sûres et réelles.
> *Sylvie-Elizabeth, 18 ans*
>
> Le seul pop que je supporte est celui du jaillissement des bouchons de champagne. *Christian, 22 ans*

6 Le franglais

L'anglicisation de la langue française, parallèle à l'adoption
d'expressions françaises en anglais, a commencé au XVIIIᵉ
siècle («pickpocket», «non-sens») sous l'impulsion d'une
admiration naissante pour certains traits de la vie outre-
Manche. Au XIXᵉ siècle, c'est un dandyisme qui imite la
mode masculine, les clubs, les courses de chevaux et le sport
des Anglais («high-life»). Cette anglomanie snob demeure
encore: à Nice, par exemple, pas loin du «Pressing Royal»,[9]
l'«Antics Store» vous offre ses meubles style anglais pour le
«living de grand standing».[10] De nos jours, elle est suivie par
l'implantation du vêtement («le fully-fashioned», «le ready-
to-wear»), du «pop» et du «slang» anglais, mais la
pénétration d'une véritable américomanie, surtout parmi les
jeunes, est encore plus forte: les westerns, drugstores,
barbecues, «le fast food» envahissent la vie française de plus
en plus – on mange un «super-wimpy king-size ketchupé»
ou un «quick burger» dans un des *MacDonald* qui poussent
partout comme des champignons, au lieu du plat mijoté[11]
d'antan du«petit resto à plat du jour». Un gastronome
s'attriste en vain: «La sauce se meurt. Nous vivons une
époque tragique.»

Les gadgets, les manières et la publicité américains font
rage et des mots «vieux jeu» cèdent la place à de brefs mots
modernes: le casse-croûte devient «le snack».[12] En face de
cette pression des médias, Etiemble[13] profère ce cri
d'alarme: «L'anglo-américain est en train de nous avaler
tout crus... Hier encore langue universelle de l'homme
blanc cultivé, le français de nos concitoyens n'est plus qu'un
sabir, honteux de son illustre passé.»

Et il accuse les Français de ne pas être assez chauvins dès
qu'il s'agit de leur langue; comme exemple il cite le chanteur
Léo Ferré:
C'est une barmaid qu'est ma darling...
J'suis son parking, son one man show,
Son Jules, son King, son sleep au chaud,
J'paie toujours cash...

Contre   1   A chaque pays sa langue: soit on parle anglais, soit on
parle français, mais pas un amalgame des deux. Nous pouvons
très bien nous débrouiller sans le franglais.
2   C'est un snobisme, une paresse intellectuelle, de vouloir
tout mélanger, une manière ridicule de notre époque; c'est
un manque d'imagination, une dégénérescence, un
affaiblissement de la langue. Elle en sort abâtardie; toute sa
beauté, son charme, son âme propre, sont détruits.
3   Il faut lutter contre l'impérialisme de l'anglo-saxon,

modèle américain à la mode, contre notre colonisation linguistique. Apprendre d'autres langues, très bien, mais gardons l'intégrité de la nôtre.

4 La langue garantit la spécificité, l'originalité d'un peuple; symbole de notre pays, il faut qu'elle reste pure et entière pour survivre. Ne nous laissons pas trop envahir; autrement où sera notre identité actuelle dans 50 ans?

5 Ce n'est pas seulement le français qui est menacé: on assiste à la disparition de toutes les langues n'offrant pas un caractère utilitaire. Or, chacune représente la sensibilité d'une culture particulière qui est vouée à disparaître si l'uniformisation s'étend davantage; le franglais n'en est qu'une facette.

> C'est un charabia[14] que le franglais affiche, sans crainte du ridicule, la décadence d'une culture qui s'éparpille dans la recherche d'une soi-disant libération de la pensée. *Thibault, 18 ans*
>
> Il ne faut pas que ça devienne une habitude ou le français ressemblera à du gruyère. *Laurence, 17 ans*

Pour

1 Il y a des termes anglais – le vocabulaire technique à part – qui n'ont pas d'équivalent en français; d'autres sont plus courts et précis. Il ne faut pas oublier non plus que, dans le passé, beaucoup de mots étrangers se sont complètement intégrés.

2 Existe-t-il encore une langue «pure»? – S'il en reste, alors c'est une langue morte. Aucune langue vivante n'est imperméable aux influences étrangères et c'est ce qui fait sa richesse. Il ne faut pas être puriste, mais savoir ce dont on parle.

3 Soyons réalistes: il est illusoire de s'insurger contre un fait social. Une langue doit évoluer avec son temps; il ne faut pas ériger des barrières artificielles aux influences étrangères et établir un protectionnisme du langage.

4 Ce mélange est souvent aussi inévitable qu'amusant et fantaisiste; il serait grotesque de vouloir remplacer le franglais qui est très imagé et ancré dans le langage courant, par des périphrases à rallonge bien «françaises».

5 Une langue doit répondre à un besoin de communication entre les peuples qui se rapprochent par des mots clefs en commun. En tout cas, une uniformisation du langage, grâce à laquelle tout le monde pourrait se comprendre, serait fort souhaitable.

> Peut-être un premier pas vers l'harmonie, ou du moins la compréhension, au-delà des frontières? *Marie-Joëlle, 22 ans*

L'individu et la société

1 Le mariage

Avec la diminution de l'influence de l'Eglise, la libération de
la femme et l'opposition à la société traditionnelle, la
vénérable institution du mariage, bien que toujours bien
ancrée dans la société française, est de plus en plus mise en
question par les jeunes. La révolution sexuelle rejette toute
restriction légale et favorise la cohabitation sur pied d'égalité
qui est déjà passée dans les mœurs; les couples s'unissent
plus tôt mais se marient plus tard ou pas du tout (20% moins
de mariages en cinq ans). Reste le problème crucial de
l'enfant (10% naissent hors mariage, à Paris même 20%) et
celui du nombre de divorces qui double tous les dix ans
(11.000 mariages et 6.000 divorces à Paris en 1981); plus d'un
quart des mariages se brisent depuis l'admission du
«consentement mutuel» en 1975. Le mariage est-il
aujourd'hui un préjugé dépassé ou une nécessité sociale?

Pour 1   Se marier c'est la preuve d'un amour profond entre deux
êtres, c'est se respecter mutuellement et prendre ses
responsabilités – une espérance, une conviction d'un avenir
heureux et durable.
2   Une société stable sans famille n'est pas concevable: il lui
faut la volonté de créer des foyers au sein desquels les
enfants, ciment du couple, doivent évoluer et continuer la
lignée.
3   Le mariage est le dernier refuge de l'homme face à sa
solitude et à la destruction des sentiments par l'urbanisme.
C'est un sacrement, le but traditionnel de la vie de l'homme,
le rêve de la fille d'être épouse et mère.
4   La facilité et l'égoïsme entraînent si naturellement au
concubinage; mais après un apprentissage souvent utile pour
mûrir, il faut finalement faire son choix et avoir le courage de
tenter l'aventure merveilleuse du mariage. Lui seul offre une
certaine dignité et correspond à notre besoin d'absolu et de
permanence: «le rite crée le lien».

> Je tiens à reconnaître devant une société et une église mon amour pour une femme et mon union avec elle ; c'est comme une grande joie que je voudrais faire partager à mes amis.   *Thibault, 18 ans*
>
> Méditerranéenne, je tiens à la structure familiale. L'enfant pour moi prévaut sur tout et je tiens à ce que sa venue s'effectue dans un cadre solide.
> *Sylvie-Elizabeth, 18 ans*
>
> Il est pour moi quelque chose de beau que j'aimerais atteindre. C'est une sorte d'illusion charmante . . .
> *Nathalie, 18 ans*
>
> C'est amusant de se marier, c'est une fête. De toute façon, le mariage n'est pas irrémédiable ; après on peut toujours divorcer, alors pourquoi s'en priver ?
> *Miranda, 20 ans*

Contre

1 L'union de deux êtres ne regarde qu'eux et n'a nul besoin que la société lui donne son autorisation. C'est une cérémonie périmée, une bouffonnerie sociale sans signification qui classe l'amour dans le rang d'un vulgaire contrat, «permis de s'accoupler» avec bénédiction de l'Eglise et de l'Etat.

2 «Conjugal» veut dire «fixé au même joug» : avant le mariage on a le droit d'aimer qui l'on désire, alors qu'après on *doit* aimer son conjoint. Mais l'homme n'est pas monogame.

3 Le mariage donne une fausse sécurité : la fidélité comme devoir le rend encore plus utopique, le bonheur, toujours menacé, n'est que de courte durée. Il ne reste que des «défunts amants légalement appariés» (Henry Miller), attachés au même boulet par l'habitude forcée – agonie souvent prolongée par la longévité.

4 L'union libre évite la contrainte ; elle permet de payer moins d'impôts et, le cas échéant, de se séparer plus facilement.

> Un couple peut être heureux et stable, avoir des enfants, sans se marier : vive l'union libre !
> *Anne-Marie, 21 ans*
>
> Les amours qui durent une vie sont rares ; alors pourquoi faire semblant ?   *Emmanuel, 18 ans*
>
> Je suis opposé à l'esclavage organisé par la société : qu'on songe qu'on passera peut-être 60 ans l'un en face de l'autre, *tous les jours* !   *Christian, 22 ans*
>
> Deux personnes qui veulent créer quelque chose de grand et fort ont besoin de sentiments, de confiance, de compréhension – et non de «papiers».   *Jeanne, 22 ans*

> Pour, parce que je le souhaite, contre, parce que j'en ai peur. *Isabelle, 20 ans*
>
> Réussi, il permet de fonder une famille heureuse, petite société idéale au sein d'une grande société imparfaite. Raté, il en envenime les problèmes. Solution: ne pas se précipiter! *Marie-Joëlle, 22 ans*

2 L'égalité des sexes

La lutte pour la libération sociale et sexuelle de la femme a commencé relativement tard en France; des femmes comme George Sand[1] et Marie Curie[2] sont de rares exceptions. Tardivement, la Constitution de 1946 garantit aux femmes des droits égaux («A travail égal, salaire égal») et le vote. Toutefois, dans le peuple, la femme a d'ordinaire commandé au foyer. Actuellement, les femmes ont de plus en plus accès à la vie professionnelle et les hommes partagent le travail familial; les dernières inégalités à l'égard du divorce et de la propriété ont été abolies en 1964 – en principe, la femme est devenue une compagne égale à son mari. Mais la campagne contre l'exploitation de la femme, poupée publicitaire, et contre les préjugés misogynes dans l'emploi qui demeurent, persiste, officialisée par un ministère des Droits de la Femme. Pourtant, ce ne sont pas seulement les phallocrates qui sont opposés aux revendications féministes, mais bien des femmes le sont également.

Pour 1 Les différences physiques ne justifient pas la discrimination contre la femme que l'homme a établie pour la soumettre à son plaisir et au travail domestique; c'est une absurde survivance biblique dans une société profane, encore fondée inconsciemment, dans la mentalité collective, sur le respect du mâle en tant que symbole de force supérieure.
2 Hommes et femmes sont nés égaux et la femme aurait toujours dû être considérée comme sa pareille par l'homme: néanmoins, l'Eglise hésita longtemps avant de reconnaître qu'elle avait une âme!
3 Même si l'on n'admet pas que les deux sexes soient complètement égaux et semblables plutôt que seulement complémentaires, leur égalité devant la loi et le travail ne doit pas seulement être instituée mais mise en œuvre par un changement du modèle culturel.
4 La publicité devrait s'arrêter d'utiliser des stéréotypes dépassés de la femme – objet érotique et ménagère idéale – et la présenter comme aussi capable, responsable et indépendante que l'homme.

> Entièrement pour! Mais attention, qu'il s'agisse bien
> de l'égalité et non pas d'un changement de domination
> par les femmes.   *André, 23 ans*

Contre   1   Ce sont deux êtres différents qui, de tout temps, ont eu
des tâches différentes; pourquoi les femmes se forcent-elles à
ressembler aux hommes, à porter des vêtements unisexes, à
s'uniformiser? L'égalité est un mythe, elle n'existera jamais –
inférieure à certains points, la femme doit rester à sa place,
même si elle a acquis les mêmes droits. Elle doit garder sa
féminité, comme l'homme sa virilité.
    2   Sa «libération» a fait perdre à la femme un certain
prestige, une considération accordée a elle comme femme –
image que certaines considéraient agréable et regrettent
d'avoir perdue.
    3   Il serait désirable que l'homme continue à exercer son
autorité, sans en abuser; autrement la femme assumerait un
rôle qui n'est pas dans sa nature, changement auquel elle ne
gagnerait rien et qui ne serait pas une bonne chose pour le
couple.

> Non à la stupide égalité des sexes! – Je ne demande pas
> à porter des seins, à être enceint. Alors? – Pour moi, la
> femme au foyer, dépendante de son mari, supérieur
> moralement.
> Féminisme dévastateur, pas pour moi. Dans nos pays
> latins, le véritable pouvoir est détenu par la femme qui
> mène son ménage comme elle l'entend. Alors le mari à
> la cuisine et la femme au living, laissez cela aux frustrées
> en quête de revanche... *Sylvie-Elizabeth, 18 ans*

3 L'Etat Providence

En France comme ailleurs en Occident, l'Etat Providence est
une acquisition sociale, issue des revendications égalitaires
face aux abus du capitalisme, surtout depuis 1945. La
conscience nationale n'est plus prête à accepter que les
défavorisés souffrent de leur pauvreté. Au nom de la justice
sociale, les contribuables – patrons comme ouvriers et
employés – versent une partie de plus en plus grande de leurs
revenus à l'Etat qui les redistribue aux nécessiteux. Aucun
parti politique ne conteste ce principe; mais le budget de la
Sécurité Sociale (surtout celui de la Santé) est devenu en
France, second pays du monde pour la protection sociale,
déficitaire à un degré qui paraît de moins en moins

supportable. Le coût des allocations du chômage accru et des retraites des vieilles personnes, qui vivent plus longtemps grâce aux progrès d'une médecine de plus en plus chère, a nécessité des mesures d'économie qui causent du mécontentement. Une révision de l'étendue de l'Etat Providence paraît s'imposer.

Pour

1 L'individu n'est souvent pas capable de subvenir seul à ses besoins et ne peut se passer de protection.

2 C'est le rôle primordial de l'Etat d'aider les désavantagés de la vie: il doit se mettre au service de l'homme et réduire les inégalités.

3 C'est encore ce que l'on a trouvé de mieux contre la loi de la jungle: il faut que l'Etat favorise l'intérêt du plus grand nombre et fasse jouer la solidarité collective.

4 En pleine crise économique, l'Etat Providence est plus indispensable que jamais: que deviendraient autrement les familles nombreuses, les malades, les handicapés, les personnes âgées, les chômeurs?

> Tout le monde a besoin d'aide, on n'a pas toujours assez d'argent. *Martine, 17 ans*

Contre   1   Il est trop facile de charger un Etat tout-puissant de tout régler pour nous : ça encourage la passivité devant les difficultés rencontrées dans la vie. Dans la mesure où l'individu se démet de toutes ses responsabilités et ne fait plus d'efforts personnels, c'est un facteur de décadence.

2   La conception de l'Etat comme « mère nourricière » donne libre cours à l'infantilisme : trop de protection tue la faculté si nécessaire de lutter seul et procure une mentalité d'assisté. Trop de responsabilité est enlevée à l'individu pour la transférer sur la société qui en acquiert trop.

3   L'Etat Providence réduit les hommes à un troupeau de moutons, à des pantins totalement dépendants de lui : il finit par paralyser toute initiative personnelle. C'est la mort de l'individu – c'est celui-ci, au contraire, qui devrait s'assurer sa propre providence.

4   Le maternalisme étatique tue toute combativité chez l'individu : il ne sait plus lutter pour son propre bonheur. La conséquence – paresse, laisser-aller, « je m'en foutisme » sur le plan individuel, perte de compétitivité économique sur le plan national ; on ne peut distribuer que ce qu'on produit si l'on veut éviter la faillite.

> L'homme est pris en charge à sa naissance et n'est lâché qu'à sa mort. Je suis contre tout ce qui dans la société vise à asservir l'homme en lui retirant tout goût du risque.   *Christian, 22 ans*
>
> Un Etat doit être fort, sûr, solide et ne pas faire la charité ! Equité, entendu, mais providence...
> *Sylvie-Elizabeth, 18 ans*

4 L'écologie

Les contestataires de mai 68 ont été suivis par les militants écologistes qui défendent l'équilibre entre l'homme et son environnement, menacé par la surpopulation, la surproduction, la surexploitation et la surpollution (coût annuel : 100 milliards de F). Ils n'ont pas d'ambitions politiques (malgré les 4% des votes recueillis par Brice Lalonde aux élections de 81), mais c'est un mouvement surtout de jeunes qui revendiquent au nom de l'instinct biologique profond de l'espèce le droit d'assurer leur survie. Après 50 ans d'un futurisme expansionniste, ils croient se satisfaire, au sein d'une société post-industrielle, d'un retour aux sources dans un milieu plus simple et heureux, proche de celui des paysans et des orientaux en vogue.

Pour 1   C'est la plus pure des doctrines, qui répond à la nécessité de dénoncer les abus d'une société automatisée et déshumanisée, qui gaspille l'énergie et les matières premières et est en train de détruire les dernières beautés de la nature.

2   Il nous faut une prise de conscience de tous les dangers qui nous menacent : pollution de l'air qui anéantit la source même de notre vie, l'oxygène, et de la mer qui nous sert de poubelle ; nourriture dénaturée par des cancérogènes (hormones, colorants, pesticides) ; excès de médicaments chimiques absorbés ; déchets radioactifs des centrales nucléaires ; bruit et béton des villes.

3   L'écologie proteste contre l'absurdité de la croissance industrielle et de la course à la consommation, accompagnées par l'inégalité sociale, l'isolement de l'individu et le chômage, contre la compétition à outrance créant tensions et violence. Il serait mieux de produire un optimum plutôt qu'un maximum, de mettre la qualité de la vie avant le pouvoir d'achat, et de récupérer des ressources par un recyclage.

4 L'écologie se bat pour un monde vert qui est à l'agonie, pour la conservation des terres de culture (50.000 ha³ sont couverts de béton et goudron chaque année), pour le pouvoir régional, l'arrêt des implantations nucléaires, l'abandon de la force de frappe⁴ et de la vente d'armes. Quel manque de sagesse de vouloir se détruire soi-même!

> Le monde n'acceptera une nouvelle forme de production et de consommation, intégrées d'après les principes écologistes, que lorsqu'il se verra «au bord du gouffre»; alors il sera peut-être trop tard.
> *Emmanuel, 18 ans*

Contre

1 Les écologistes, doux rêveurs, sont autant de réactionnaires romantiques que d'utopistes confus qui souffrent d'une pollution du cerveau, suscitée par une société archi-saturée et malade; ce sont des marginaux excessivement pessimistes.
2 Annonciateurs d'un destin funeste pour l'humanité, ils chérissent l'angoisse et le désespoir et répandent panique et détresse dans la jeunesse. Leur peur du nucléaire est fort exagérée – la France en dépend pour la survie de son industrie; elle est, d'ailleurs, encore relativement sous-peuplée et riche en belles campagnes.
3 Il est tout à fait possible de concilier la croissance, nécessaire pour la prospérité, *et* la protection et conservation de la nature: il faut freiner la pollution mais non pas le progrès – on ne peut pas vivre sans la nature ni non plus sans une industrie compétitive.

> C'est bien beau le vert,⁵ mais sans les centrales nucléaires les écolos ils regarderont plus la télé le soir.
> *Pierre, 19 ans*

5 La violence

«La violence est père et roi de tout», disait Héraclite⁶; c'est un trait fondamental propre à l'homme, souvent agressif, brutal, cruel. Mais il ne faut pas perdre de vue son aspect positif qui se manifeste dans les anciens rites religieux expiatoires, la musique, la danse, les sports dérivés du combat, et dans l'amour.

Les réactions actuelles sont conditionnées par le stress de la vie: bruit infernal des machines, course déchaînée sur les routes, H.L.M.⁷ et bidonvilles⁸ en banlieue, habités par les défavorisés, banalisation de la violence par les films et les médias en quête du sensationnel, égoïsme dans la famille et la société, contestation et terrorisme dans la poursuite d'une idéologie. Il en résulte en France un vrai massacre sur les routes, 4 millions d'inadaptés et handicapés psychiques, plus de 2 millions de crimes et délits par an (les hold-up et vols à main armée augmentent en flèche) et peut-être 10.000 viols – cinq agressions chaque minute! Est-ce qu'on peut dire que la violence, bien que largement désapprouvée, soit normale dans une société frustrée en dépit d'une prospérité, protection et éducation sans égales dans le passé?

Contre

I   La violence est une plaie mondiale meurtrière, symbole de la haine; son augmentation est inquiétante. Elle résulte d'une mauvaise adaptation de l'homme, qui a gardé ses pulsions animales d'agressivité, aux nouvelles techniques de destruction qu'il possède, et à la complexité de la vie moderne qui, dans un climat d'insécurité, a ébranlé le consensus à l'égard des lois et de la moralité.

2   Cette situation finit par faire de beaucoup de jeunes des délinquants souvent violents, parmi eux ceux qui, paradoxalement, professent la non-violence. Egalement, les trois quarts de la population qui réclament une répression plus brutale de la violence rampante qu'une justice de plus en plus indulgente n'arrive plus à contrôler, ne se rendent pas compte qu'ils favorisent la violence vengeresse. Toute violence, que la cause soit juste ou non, est néfaste dans ses conséquences et totalement condamnable.

3   La violence empêche la poursuite raisonnée et équilibrée d'une action ou d'un but; elle est nuisible à toute activité civilisée et peut agir même dans le sens inverse de l'intention.

4   Les films western, les romans policiers, les reportages de guerres, de meurtres et de viols dans la presse et certaines émissions de la télévision, glorifiant l'agression – tout contribue à créer une ambiance d'admiration pour la violence et d'indifférence à l'égard de la cruauté: nous en subissons les conséquences.

> Luttons contre de toutes nos forces: finie l'indifférence! *Sylvette, 17 ans*
> La violence n'a encore jamais rien résolu: c'est de la discussion que jaillissent la lumière et la paix. *Miranda, 20 ans*

46

Pour

1 La violence fait inévitablement partie de notre vie quotidienne et il est impossible d'y échapper ; elle existera toujours. Si la guerre éclate, les individus d'une même nation se serrent les coudes – sinon, ils libèrent entre eux leur agressivité. Notre époque n'est pas plus violente que celles qui l'ont précédée : peut-on vraiment dire non à ce qui est profondément dans l'être ?

2 Elle est parfois nécessaire pour s'affirmer par la force en face du monde : on doit savoir se battre. Au niveau des idées, elle permet de s'opposer au laxisme du laisser-aller et de rompre avec la routine conventionnelle.

3 Elle est issue de la réaction de l'homme vis-à-vis de l'injustice, de l'oppression, de l'inégalité, et de son impuissance envers l'indifférence générale d'une société en transition, basée sur le profit dans le contexte des grands ensembles urbains.

4 En face de l'Etat qui se sert de son monopole de la violence légitime par la prolifération de règles bureaucratiques, la violence révolutionnaire est, d'après Engels, l'outil du mouvement social pour briser les formes politiques périmées. Ce système incohérent mécontente notre société – la violence est le seul moyen pour faire entendre la voix des désespérés.

> Il est possible que la violence n'engendre que la violence ; il est aussi possible que la «douceur» n'engendre rien du tout. La violence est un moyen pour atteindre un but. *Emmanuel, 18 ans*
>
> Je suis pour «faire violence à autrui», violer l'espace individuel de son enfermement et de sa mesure. La violence n'est pas toujours la brutalité, c'est aussi le contraire de l'indifférence. *Pascale, 21 ans*

6 Les sondages

Le principe de la fiabilité des sondages par la méthode des quotas se trouve déjà dans la théorie du calcul des probabilités de Pascal[9] (1654) et dans la loi des grands nombres de Bernoulli (1689) ; Napoléon se tenait au courant de l'opinion publique par un échantillon de correspondants locaux, sondés par le directeur général des Postes.

De nos jours, le public français remplit des millions de questionnaires, commandés par les administrations publiques, la presse et les entreprises commerciales. Les résultats, triés par l'ordinateur et rigoureusement analysés par les spécialistes, ne sont pas scientifiquement

corrects; mais la marge d'erreur ne doit pas dépasser 5%, grâce à l'équilibre représentatif des personnes interrogées. Cette technique n'est pas souvent comprise par le public qui, malgré une méfiance pas toujours sans fondement, ne peut plus s'en passer: sans sondages, «les Français affolés ne savent plus ce qu'ils pensent.»[10]

Pour I C'est le meilleur moyen démocratique pour repérer l'opinion publique, une prise de conscience de la pensée des gens, une vision d'ensemble qui aide à interpréter les faits.
2 La plupart des sondages explorent le marché de la consommation, ce qui est vital en cas du lancement d'un nouveau produit et de l'adaptation aux goûts et besoins du public.
3 Il est toujours utile de permettre aux gens de s'exprimer – c'est un symbole de liberté. Les responsables du pays

peuvent mieux résoudre certains problèmes en se rendant compte de ce que pense la société; la laisser dénoncer les abus est une source d'améliorations.

4 Les sondages avant les élections sont souvent accusés de les influencer: en vérité, autant d'électeurs se rallient au gagnant qu'au perdant pronostiqués – les effets «bandwagon» et «underdog» s'égalisent.

> J'aime donner mon opinion sur tout et à tout le monde. *Vincent, 18 ans*
> Ils permettent de réaliser à quel point les idées sont automatiques et préconçues, voire imposées. *Franck, 18 ans*

Contre

1 Les sondages sont trafiqués et truqués, ne reflètent pas la vérité, et ne sont représentatifs qu'à titre indicatif; ils dépendent de l'interprétation des statisticiens qui, soumis aux pressions politiques ou commerciales, font dire ce qu'ils veulent aux chiffres, par un habile jonglage.

2 Ils servent à nous manipuler et à influencer l'opinion publique plutôt qu'à l'informer; nous sommes déjà assez conditionnés et leur effet dépersonnalisant qui nous tourne en «machines à sonder» contribue à la robotisation de la populace – travestissement dangereux de la démocratie.

3 Les cases-réponses dans un cadre préétabli limitent les réponses trop étroitement et les guident dans le sens voulu, par la manière dont la question est posée; trop obtuses, elles n'expriment pas les motivations complexes de chacun avec précision. D'ailleurs, on ne sait pas si elles sont sincères ou fantaisistes, et si, figées à un moment, elles ne restent pas muables.

4 En période d'élection, les médias abusent des sondages, quelquefois aussi peu fiables que le tiercé,[11] pour mettre le public dans un état d'excitement permanent qui influe sur leur vote: «C'est laisser violer les institutions que de permettre à des entreprises privées de solliciter une fraction de l'électorat en dehors des consultations réglées par les lois.» (M. Druon)

5 Même ordinairement, les politiciens suivent la courbe de leur popularité avec appréhension et s'apprêtent à promettre n'importe quoi pour flatter le peuple et lui plaire, en vue de faire remonter leur cote – libre cours à la démagogie.

> Ils sont fragmentaires, sectaires, et prétendent servir une objectivité qu'ils n'ont pas – un parfait instrument de «désinformation». *Pascale, 21 ans*

La politique et la loi

1 Le socialisme

Le socialisme veut remplacer, dans les relations humaines, le pouvoir de l'argent du capitalisme, fondé sur le profit et la concurrence, par la nationalisation, la collectivisation et la planification des instruments de production en monopole d'Etat. La lutte des classes doit aboutir à un transfert de la propriété privée à l'Etat et à la dictature du prolétariat pour établir l'égalité. Ensuite, la classe gouvernante doit transformer l'Etat autoritaire en conseil d'administration d'entreprises autogérées. Finalement, les peuples égaux et libres doivent abandonner leur souveraineté et s'unir dans une république universelle.

C'est là le projet – mais le socialisme a pris bien des formes différentes au cours de son évolution. En France, le Front Populaire de Léon Blum (1936–7) a établi la semaine de 40 heures et les congés payés, mais a échoué après un an; en 1981, une nouvelle période du socialisme «à la française» a commencé.

Pour 1 C'est un système plus juste, plus égalitaire, qui répartit mieux la propriété – l'expression même de la liberté, tout en conservant l'esprit de collectivité. Il abolit les privilèges d'une minorité dominante et fait payer les riches.
2 Le socialisme c'est le changement, le progrès, l'avenir, il est de l'époque – la bonne voie vers une nouvelle façon de vivre; il rompt avec le système traditionnel périmé et remplace l'égoïsme méfiant par une solidarité généreuse et humaine. Ce n'est pas parce que c'est une belle utopie qu'il ne faut pas s'en inspirer.

> C'est un grand espoir, une grande joie – la doctrine idéale, théoriquement parlant – une expérience à laquelle il est passionnant d'assister, qui échouera peut-être...
> A quoi bon se dire capitaliste quand on n'a pas de fric[1]?
> – Mais, au fond, quelle importance, on y est jusqu'au cou avec l'un ou l'autre.

Contre 1   C'est une doctrine dépassée qui ne peut réussir que par des pressions et la violence, une politique qui ne garde pas ses promesses, une fumisterie mensongère, un romantisme utopique. La nature elle-même s'y oppose – l'être humain est incapable de modérer ses appétits, de se discipliner.

2   Le socialisme établit une bureaucratie oppressive, un conformisme intolérant, un dogmatisme militant, prend des mesures incompatibles avec une économie forte et opère un nivellement par le bas.

3   Il s'oppose aux aspirations individuelles et fait large usage de la démagogie pour imposer son programme: c'est partout un échec – politique, économique, humain, moral, culturel. La licence et la pagaille s'installent.

> Farouchement contre: ne peut qu'entraîner la chute de la République. – Une exploitation de la crédulité et de la bêtise – un miroir aux alouettes[2] pour les imbéciles.
>   C'est le collectivisme et j'aime qu'on me distingue. Je ne crois en aucune solidarité sociale: l'homme est un loup pour l'homme. *Vincent, 18 ans*
>   Le socialisme n'est pas possible si l'homme ne change pas. Toujours dominé par ses passions, il n'est pas encore capable d'atteindre cette humilité si nécessaire à l'abolition des classes et au partage de tout par tous. *Anne-Marie*

2   L'autonomie régionale

La forte centralisation de la France date de Richelieu et de Louis XIV: les 30 provinces étaient gouvernées par les intendants du Roi. Pendant la Révolution, le pays fut morcelé en 83 départements et Napoléon y établit ses préfets en maîtres absolus – fin de toute expression régionale. «Il n'y a plus en France qu'un seul département, celui de la Seine, et qu'une ville, Paris!», s'exclama Louis Blanc.[3] Avec l'uniformisation de la vie au XXe siècle, les régions s'effaçaient encore plus et les provinciaux semblaient se résigner à leur soumission au pouvoir étatique, exercé dans les 95 départements métropolitains, divisés en 22 circonscriptions économiques.

   En 1969, de Gaulle perdit son référendum qui inclut la décentralisation, bien que deux tiers des Français s'y soient déclarés favorables dans les sondages. Les préfets continuaient à exercer le pouvoir exécutif, assistés par les notables non-élus du Conseil régional. Mais la dissatisfaction montait lentement: le Sud-Ouest où deux millions de personnes parlent encore l'occitan,[4] souffrant du déclin de son agriculture et de son industrie, se dressait, comme la Bretagne et la Corse, contre le «colonialisme intérieur», revendiquant, parfois par des attentats, qu'on laisse «le pays aux habitants». En 1982, le gouvernement socialiste institua la décentralisation en transférant le pouvoir exécutif local des préfets aux présidents des conseils régionaux et généraux élus.

Pour

1 La France est trop centralisée, les régions n'ont pas assez d'indépendance – un frein à leurs intérêts particuliers et à leur esprit d'initiative. Chaque région doit vivre d'après son rythme, participer à la gestion de ses affaires, aborder ses problèmes qu'elle seule peut comprendre.

2 Les régions doivent sauvegarder leur identité, spécificité, originalité, leur culture traditionnelle – c'est notre racine, menacée d'extinction par l'uniformisation; il faut conserver les vieilles langues comme le provençal, le corse, le breton, le basque, ainsi que les anciennes coutumes et l'artisanat.

3 «L'effort de centralisation, qui fut longtemps nécessaire pour maintenir l'unité malgré les divergences des provinces, ne s'impose plus. Au contraire, ce sont les activités régionales qui apparaissent comme les ressorts de la puissance économique de demain.» (de Gaulle)

> Paris n'est pas le centre du monde – c'est la région qui fait le charme d'un pays.

Contre

1 Ça ne sert qu'à diviser et affaiblir le pays et doit aboutir au désordre; c'est une bêtise qui entraînerait chaque fraction du territoire à réclamer son autonomie jusqu'à ce que l'anarchie s'installe, ou que même se produise la sécession sous l'influence d'un pays voisin.

2 Il en résulterait une hypertrophie supplémentaire de paperasserie dans chaque administration autonome qui étoufferait toute efficacité. En tout cas, une région ne peut pas survivre seule économiquement – que fera la Corse si la France n'est pas derrière elle?

3 Il faut préserver l'unité nationale et l'intégrité du pays – un trop grand particularisme peut aller jusqu'au morcellement et défaire la patrie; l'autonomie court le danger de créer un sentiment absurde et quasi raciste de supériorité. C'est une contradiction paradoxale d'accorder l'autonomie régionale en même temps qu'on pense à unifier l'Europe!

4 «Les régions? – Il y en a trois ou quatre qui n'existent

que trop; les autres n'existent pas; elles sont parfaitement artificielles.» (Pompidou)

> Non, par pitié, pas d'esprit de clocher[5] — autrement il n'y aurait plus de France!

3 Le service militaire

Le contingent, appelé pour un an, forme à peu près la moitié des forces armées françaises; son utilité dans les circonstances actuelles est contestée par une partie des experts et de l'opinion publique (surtout les jeunes gens concernés) qui sont en faveur d'une armée de métier seulement. D'après un sondage, publié par Paris-Match fin 81, 63% des conscrits ont le sentiment de perdre leur temps, et seulement 26% pensent être prêts moralement en cas de conflit à se battre pour la patrie; 75% des étudiants réclament la suppression de la conscription. De l'autre côté, il y a de forts arguments traditionnels ou réformateurs.

Contre

1 Le service actuel est inadapté à la réalité technique: il se borne à des exercices dépassés. La conscription est un anachronisme, comme l'était la Ligne Maginot[6] en 1939; une guerre future ne se déroulerait plus sur un champ de bataille. C'est une dépense en pure perte économique et humaine — mieux vaudrait-il se limiter à une armée de métier et consacrer des ressources supplémentaires au bénéfice du peuple.

2 L'armée du contingent, mal préparée, incompétente, sclérosée, n'apprend aux conscrits le plus souvent que l'ennui, le mécontentement, les vices; ils ne sont pas convaincus de l'utilité de leur service, étant donné que la France n'a pas d'ennemis, et beaucoup sont anti-militaristes, voire pacifistes.

3 Les jeunes retrouvent dans l'armée la domination paternelle, contre laquelle ils se dressent en famille et à l'école, ressentie comme une oppression qui brise leur volonté et personnalité et les contraint, par un lavage de cerveau, à se soumettre à un statut d'immaturité permanente pour le bénéfice de la société établie. Ils ne veulent pas jouer aux petits soldats et se faire «voler» une année de leur jeunesse au nom d'un pseudo-civisme.

4 Le service militaire devrait au moins être volontaire et durer seulement quelques semaines; le système suisse de brefs stages annuels serait préférable. Mieux encore, le remplacer par un service social au contact humain.

Un abrutissement. C'est l'armée qui s'en charge, c'est tout dire : rien dans la tête, tout se traduit par des cris et des ordres.   *Marjorie, 20 ans*

Je ne peux concevoir l'idée qu'un homme aille dans une école apprendre à tuer un autre homme.
Marie, 20 ans

S'il doit y avoir une guerre, elle sera atomique et les soldats ne serviraient à rien ; militaires ou pas, on mourra tous.   *Nathalie, 18 ans*

Pour   I   L'obligation militaire forme partie du folklore
patriotique depuis la «levée en masse»[7] de la Révolution.
C'est un devoir envers la nation, indispensable pour rester
libre, une initiation au statut de citoyen par un service
égalitaire et démocratique.
2   Il fait sortir les garçons de leur adolescence, souvent trop
longue, et les rend plus mûrs: il leur est salutaire
d'apprendre discipline, respect, patience, de développer leur
force physique pour le combat, de lutter pour atteindre un
but, de prendre seuls leurs responsabilités et savoir accepter
même l'injustice – beaucoup paraissent en avoir besoin
aujourd'hui. Il y a des filles qui réclament d'y participer aussi.
3   On ne peut plus rêver de paix mondiale et de
désarmement général, il faut donc être prêt à réagir en cas de
conflit pour se défendre: une civilisation entre en décadence
lorsque les hommes perdent toute envie de se battre pour
elle.
4   Les appelés écartent le danger, toujours présent, d'un
coup d'Etat par une junte, qu'une armée de métier pourrait
fomenter.

> J'estime qu'un engagement viril ne saurait faire de mal
> à ceux qui seront amenés à une réalité civique.
> *Sylvie-Elizabeth, 18 ans*

4 La force de dissuasion

La tension dans la politique internationale a créé une course
aux armements qui rend la détente de plus en plus difficile.
Avec le nombre croissant des pays détenteurs d'armes
atomiques, «l'équilibre de la terreur» est devenu précaire.
La tentation d'attaque-surprise monte: dans un climat
d'apathie alarmante, les doctrines militaires spéculatives et
l'espoir de pouvoir se limiter aux armes nucléaires tactiques
rendent une guerre atomique éventuelle toujours plus
vraisemblable.

La France a seulement trois corps d'armée de première
ligne et, en cas de conflit, n'aurait pas d'autre choix que
d'employer immédiatement ses armes nucléaires tactiques
comme «dernier et solennel avertissement», selon le texte
officiel. Si cette «dissuasion» échoue, tout ce que le
Président peut faire est d'infliger un «châtiment» par la
force nucléaire stratégique qui survivrait à l'anéantissement
de la nation. Heureusement, il est toujours possible que
l'humanité se ressaisisse et recule devant son auto-
destruction.

Contre

1 C'est un triste chantage qui coûte des centaines de milliards et reste néanmoins relativement insignifiant (80 sous-marins, 46 Mirage IV, 18 S2 et S3 à terre) vis-à-vis de l'arsenal des deux superpuissances; il augmente le risque de destruction de l' humanité par un suicide mutuel.

2 Il est illusoire de croire qu'elle puisse fournir une protection effective; elle n'est là que pour rassurer un public qui est attaché à l'amour-propre national pour la grandeur dans l'indépendance.

3 La Force de Dissuasion n'est pas dissuasive – tout au contraire: par sa provocation, elle met en danger la sécurité du pays. Elle contribue à pousser les autres vers une escalade d'armements nucléaires et entraîne la France dans le conflit des Grands dans un climat perpétuel de pré-guerre. La «paix armée», c'est connu – l'histoire est jonchée d'exemples désastreux.

4 «L'équilibre de la terreur» est un principe vicieux, on ne dissuade pas du mal par le mal; au lieu de la force physique, il faut se fier à la force morale d'une entente par la compréhension du point de vue adverse.

> C'est un peu mettre le couteau sous la gorge – ça ressemble à une dispute de gamins: c'est à celui qui en aura le plus.
>
> Je suis pour la démilitarisation totale, même si cela paraît irréalisable . . . A bas toutes les armées: la seule force de dissuasion devrait être l'amour.

Pour

1 «Perpétuellement menacés», nous devons «construire et, le cas échéant, employer nous-mêmes notre force atomique» – «il faut que la défense de la France soit française», disait de Gaulle. On ne peut jamais compter sur la protection des Etats-Unis s'ils devaient risquer leur propre destruction.

2 Dans l'état actuel des choses, la France peut être attaquée à n'importe quel moment: se faire respecter comme nation forte et avoir son mot à dire dans les grands conflits internationaux, est la seule garantie d'éviter la guerre et de sauvegarder l'indépendance et la liberté.

3 «La raison du plus fort est toujours la meilleure»: le désarmement et le pacifisme sont des leurres qui n'impressionnent personne et font du pays une proie facile pour un agresseur éventuel.

> Devant certains impérialismes ne pas se coucher – il faut vivre dangereusement et non pas craindre l'apocalypse nucléaire.

5 La peine de mort

Des centaines de Français meurent chaque semaine sur les
routes dans un climat d'indifférence, mais un seul meurtrier,
parmi les 17 exécutés en 23 ans avant l'abolition de la peine
de mort en 1981 (à l'encontre de la réclamation de son
maintien par deux-tiers de la population dans les sondages),
excite les passions du public: les sentiments utilitaires
s'opposent aux sentiments humanitaires. Mais à la base des
polémiques se trouve la loi mosaïque du talion et l'idée
chrétienne de rédemption du péché originel par le repentir,
la souffrance et la mort.

Devant la montée de la violence avec 1500 homicides par
an, et les grâces et les libérations conditionnelles, le public se
sent de plus en plus insécurisé et s'irrite quand on ne
s'occupe que du meurtrier et qu'on oublie sa victime. Etant
donné qu'il y a plus de 500 irrécupérables en prison qui
purgeront leur condamnation «à vie» en 20 ans environ,
l'angoisse monte et certains regrettent la peine de mort, au
moins pour l'assassinat d'otages, d'agents de police, de
gardiens de prison, et en cas d'atrocités.

Au-delà de la controverse restent les problèmes
fondamentaux de la liberté de décision ou de la
détermination par les circonstances, du degré de
responsabilité et de la définition de l'anormalité; de
l'inégalité de la société et d'une justice des hommes qui
empiète sur celle de Dieu.

Contre

1   La France fut le dernier pays de l'Ouest à supprimer la
peine de mort (par guillotine), en reconnaissant qu'il y a trop
d'erreurs judiciaires, qu'il n'y a pas de culpabilité absolue,
que tuer au nom de la justice est contradictoire, que la peine
de mort ne dissuade pas un impulsif irresponsable ou
anormal, un fanatique qui recherche une mort héroïque. Le
public devrait réaliser que le meurtrier ne raisonne pas
comme lui.

2   La loi du talion est une conception barbare, une
obéissance irréfléchie à l'instinct, un réflexe animal de
vengeance qui dépasse le droit légitime de la société de se
préserver. Les crimes sont la preuve de l'impuissance de
cette société injuste vis-à-vis des tensions qu'elle a elle-même
créées. Œil pour œil, dent pour dent, cela ne résout rien: la
tête d'un assassin ne fera pas revivre la victime.

3   La justice se détruit elle-même par une exécution
ignoble: on n'a pas le droit de tuer, même un coupable, il faut
respecter la vie de tout homme, même d'un criminel. La
société doit viser plus haut et faire son auto-critique, en

réfléchissant sur les motifs du crime: il vaudra mieux essayer de récupérer et réadapter le délinquant par un acte de foi.

> C'est terrible un crime, mais les changements d'humeur sont si fréquents, un meurtre est si vite commis. *Geneviève, 17 ans*
> Je ne puis supporter cette idée: un tribunal réglé comme une bonne machine envoie quelqu'un à la mort – c'est intolérable pour ma sensibilité. *Emmanuel, 18 ans*

Pour

1 Il est dommage qu'on l'ait abolie: les bandits ne risquent plus la vie quand ils font feu. Une fois sortis de prison, peut-être 10% récidivent; en s'apitoyant sur le sort de l'assassin, on ne pense plus aux victimes, même futures – déviation perverse.

2 Il y a des meurtriers dont les crimes sont si horribles qu'on ne les leur ferait jamais payer assez cher: celui qui tue doit être tué à son tour – n'en a-t-il pas fait autant? Il doit avoir le courage de subir le même sort et ne pouvoir jamais recommencer.

3 La réclusion criminelle est encore plus terrible que l'exécution et représente une charge inutile; d'ailleurs, la prison ne dissuade pas, et, dans une société où la violence est telle, les mesures pour la réprimer doivent être fortes. Seule la peine de mort peut rassurer un public angoissé – sa suppression a été une grave erreur: il faut la rétablir.

4 «On ne corrige pas celui qu'on pend, on corrige les autres par lui», selon Montaigne.[8] Devrait-on vraiment enlever la fonction de châtiment à la justice? – «La justice est seulement respectée si elle venge et, ainsi, satisfait les sentiments de la collectivité. La vengeance de la justice devient légitime étant publique, en saluant et honorant la victime.» (R. Ikor[9])

> Pas de considération morale pour des assassinats odieux et gratuits. Pas de circonstances atténuantes admissibles. Le sang répond au sang du meurtre.
> *Sylvie-Elizabeth, 18 ans*

6 L'avortement

A la suite du mouvement pour la libération de la femme, la plupart des jeunes filles ont répudié le postulat de vertu et réclament le droit de disposer de leur corps comme elles veulent. De la même manière, beaucoup d'entre elles se sont jointes aux femmes mariées pour obtenir la légalisation de l'avortement qui, dans la clandestinité, aurait causé chaque année 20.000 décès ou stérilités sur des centaines de milliers d'interruptions volontaires de grossesse (IVG), pratiquées illégalement. D'après la loi Veil[10] de 1975, approuvée par 65% des Français selon les sondages, l'IVG peut être pratiquée pendant les dix premières semaines; elle est remboursable à 80% par la Sécurité Sociale depuis 1983. Cette mesure va, en effet, contre la Déclaration des Droits de l'Enfant par l'ONU qui envisage une protection juridique avant comme après la naissance, à laquelle une partie des médecins s'attache toujours. La question de savoir si le fœtus est un être humain ayant le droit de naître, ou s'il appartient à la mère de s'en défaire, est extrêmement complexe.

Pour   1   Empêcher un fœtus de se former en un enfant non-désiré ne peut pas être considéré comme un meurtre: il n'a encore ni système nerveux ni conscience, ce n'est donc pas un être humain. Mieux vaut tuer un œuf fécondé que détruire la vie d'un enfant privé d'amour et de soin.
2   L'argument de la baisse de la natalité ne tient pas: bientôt on va punir une procréation excessive plutôt que son empêchement pour endiguer la surpopulation. D'ailleurs, si une loi n'est plus respectée, il faut la supprimer et non pas tolérer qu'il y ait un recours illégal dans des circonstances malsaines et sordides, sauf pour les nantis.
3   L'IVG est recommandable en cas de filles-mères seules, de femmes trop âgées, de familles trop nombreuses, de viol ou inceste, d'enfants malformés ou souffrant d'affections héréditaires. Autrement, on risque de gâcher deux vies.
4   L'enfant appartient à la mère enceinte: comment peut-on obliger une femme à consacrer ses meilleures années à élever un enfant qu'elle ne souhaite pas? – Sa volonté de donner la vie doit être un choix et nullement une obligation.

> Je ne suis pas pour l'avortement mais pour le droit à l'avortement, parce qu'on ne doit pas sacrifier la vie future d'une mère de 16 ans, ou d'un enfant qui serait malheureux, à des principes, si nobles qu'ils soient.
> *Emmanuel, 18 ans*
> Cela concerne chacun dans son âme et conscience: la vie n'est pas un droit, mais c'est un devoir de donner à un être la possibilité du bonheur.   *Marie, 21 ans*

Contre   1   C'est un monstrueux attentat à une nouvelle vie de la sacrifier à la facilité, la négligence, la désinvolture. Une femme a-t-elle le droit de disposer d'une vie, même si c'est elle qui l'a engendrée? – Si elle veut se faire avorter, elle ne mérite plus d'avoir un enfant.

2   Comment peut-on infliger la peine de mort à un innocent si on l'a abolie pour un meurtrier? – Qu'on le veuille ou non, c'est un crime, même si cela dérange. Il enlève toute dignité et noblesse à la fonction génitrice, la plupart du temps pour des motifs égoïstes et matériels.

3   Entre l'œuf et le nouveau-né il n'y a pas de développement qui crée soudain un être humain: celui-ci est ébauché avec tous ses organes dès la fécondation. L'Eglise catholique condamne même la contraception et l'acte sexuel lié à la concupiscence au lieu de la procréation.

4   Pour le médecin, l'avortement est toujours un échec, une traumatisation affective de la patiente et un certain risque pour une autre grossesse. Même l'avortement en raison d'anomalie comporte le danger d'abus contre le principe du respect de l'homme.

Faire l'amour est un acte de beauté qui ne doit pas être la source d'ennuis et de regrets: il faut assumer sa responsabilité jusqu'au bout.   *Florence, 20 ans*

L'économie et l'industrie

I Le marché commun

L'idée de l'unification de l'Europe (l'Est inclu) remonte au Congrès de Paix de 1849, présidé par Victor Hugo, et aux années 20 (Briand[1], Herriot[2]); elle fut reprise dans les années 50, après la reconstruction par le Plan Marshall et les fusions économiques du Bénélux et du pool charbon-acier. Le Traité de Rome (1957), promu par Monnet[3] et Schumann[4], établit le noyau de la C.E.E. (Communauté Economique Européenne), constituée en union douanière depuis 1968. Malgré l'opposition de de Gaulle, elle allait s'élargir (Grande-Bretagne en 1973), pour devenir la première puissance commerciale du monde avec 35% des échanges, fondée sur une population plus nombreuse que celle des Etats-Unis ou de l'U.R.S.S. L'Assemblée, renforcée par la Cour de Justice, peut prendre des décisions contraignantes et le Parlement européen soutient le pouvoir de la Commission. C'est l'Europe des Nations qui participent au marché commun mais gardent leur souveraineté politique. 70% des Français se sont prononcés en faveur d'une unification, mais, comme les Anglais, ils restent en même temps préoccupés de sauvegarder le caractère et les intérêts nationaux.

Pour　I　La France est le plus grand producteur et exportateur d'aliments dans la C.E.E.: ses agriculteurs, souvent peu compétitifs, ont énormément bénéficié des fortes subventions qu'ils reçoivent, ainsi que des prix préférentiels et des débouchés garantis.

2　La protection du marché à l'intérieur de la C.E.E. a permis une rationalisation de la production à moindre prix, favorable au consommateur; chaque pays peut mieux écouler ses produits spéciaux par le libre échange au sein de la C.E.E.

3　A l'extérieur, la compétitivité de l'Europe a été accrue et elle est devenue un partenaire de poids sur le marché international, vis-à-vis des Etats-Unis et même du Japon: «l'union fait la force.»

4　L'ouverture des frontières a davantage ouvert les esprits, ce qui rend possible une concertation profitable à tous les membres, par la compréhension, les concessions et l'entraide.

5 C'est le premier pas vers une unification des monnaies, des lois, de l'emploi, de la sécurité sociale, jusqu'à l'orientation vers une fusion politique en un Etat unique, seul moyen de préserver la paix.

> L'Europe doit être une réalité – il faut mobiliser toutes nos énergies pour nous élever au-dessus de nos querelles – ne pas vouloir qu'en tirer les avantages et refuser absolument les inconvénients – alors l'Europe vivra – un seul pays battant d'un même cœur.

Contre   **I** Les économies des pays de la C.E.E. ne sont pas complémentaires et d'un niveau égal, ce qui entraîne perpétuellement antagonismes, rivalités, désaccords, disputes nuisibles aux intérêts irréconciliables de chacun (ex: rigorisme basé sur le traité dans l'intérêt français contre souplesse pragmatique dans l'intérêt anglais). La mauvaise foi n'est que trop en évidence et, en plus, le coût est beaucoup trop élevé.

2 Le Marché Commun est entièrement dirigé vers la poursuite concurrentielle d'un maximum de profit au nom d'un capitalisme libéral dont les multinationales tirent les plus grands avantages. Les produits étrangers envahissent le marché intérieur sans frein, au détriment des produits français; ça aggrave le chômage, l'inflation et le climat d'insécurité.

3 Il ne faut pas renoncer aux intérêts nationaux et permettre que le droit des peuples à disposer d'eux-mêmes soit bafoué. Les frontières ne sont pas une ligne arbitraire marquée par les postes de douane – un traité ne peut pas les effacer dans un mélange de structures, mœurs, coutumes, mentalités de chaque nation qui restent incompatibles.

> Quelle blague ce Marché Commun qui n'a de commun que le nom et pas les interêts! – Une sympathique utopie, très belle sur le papier, mais allez essayer de la faire appliquer par-delà les intérêts économiques! Tout le monde tire la couverture à soi. – Il est encore trop tôt pour l'Europe: l'Etat reste à notre époque le «rouage fondamental».

2 L'énergie nucléaire

En 1950, trois-quarts de l'énergie étaient produits à partir du charbon, en 1973, deux-tiers à partir du pétrole. Depuis le choc pétrolier, la France fait de gros efforts pour diminuer cette dépendance devant un fuel devenu trop cher et incertain, en diversifiant ses sources d'énergie dont la plupart viennent de l'extérieur. Jusqu'en 1990, on espère augmenter le nucléaire de 10 à 27% et porter les énergies nouvelles (solaire, géothermie, biomasse etc.) à 5%. Deux-tiers des Français sont favorables au développement de l'énergie nucléaire qui ne coûte qu'un tiers du fuel et assure la moitié de la production électrique; mais le projet de 200 réacteurs en l'an 2000 (10% du total mondial) pourrait être modifié pour apaiser les craintes suscitées par le mouvement écologiste, qui est hanté par le danger d'échappement de radioactivité des centrales et des déchets stockés. Le grand espoir pour l'avenir de toute l'humanité reste le remplacement de la fission de l'uranium ou plutonium par la fusion thermonucléaire de l'hydrogène ou hélium, qui est inépuisable et ne laisse aucun déchet radioactif.

Pour

1 La peur du nucléaire est basée sur l'ignorance et des fantaisies: jadis, on craignait que les chemins de fer roulant à 30 km/h ne déclenchent l'infarctus ou, dans les tunnels, l'étouffement. En vérité, c'est la production énergétique la mieux contrôlée, la plus sûre, la moins polluante.

2 Un maximum de sécurité est garanti par les précautions élaborées et rigoureuses dans les centrales et le traitement des combustibles et déchets radioactifs dans des aires bétonnées, et puis par une vitrification au fond de puits blindés de plomb.

3 C'est la seule énergie de remplacement à bas coût qui permette de ne plus être à la merci de l'O.P.E.P.[5] et qui n'encrasse pas l'atmosphère comme le charbon et le fuel. Elle est absolument indispensable: tout refus mènerait à une régression catastrophique, entraînant le pays dans la décadence, la misère, la famine.

4 «Pourrions-nous refuser l'énergie atomique? Aurait-on pu refuser l'électricité sous prétexte qu'il y avait des bougies, ou le pétrole sous prétexte qu'il y avait le charbon? Renoncer à l'effort atomique, ce serait condamner la France à être dans 20 ans au plus un pays sous-développé.» (Pompidou)

> La peur n'a jamais été génératrice de progrès, et si l'homme en a fait, c'est qu'il a pris des risques.
> *Monique*

Contre

1 On a trop poussé l'implantation des centrales nucléaires en France, sans se soucier suffisamment de la sécurité et des graves dangers pour l'environnement qu'elles comportent:

les risques se sont multipliés. La vie d'une centrale n'est que de 20 ans et le coût de son immobilisation égale le coût de sa construction; les déchets vitrifiés restent toujours radioactifs.

2 Accidents, défaillances, sabotage menacent de polluer les eaux, l'atmosphère et la chaîne alimentaire, et les rayonnements qui s'accumulent insidieusement, progressent lentement vers le seuil où surgissent les cancers. La pollution thermique par la combustion minérale autant que fossile s'accroît sans répit et la biosphère devient de plus en plus radioactive.

3 L'uranium ne durera pas plus longtemps que le pétrole et dans 30 ans la France sera partout marquée par des sites inutiles et dangereux. Il est préférable d'économiser l'énergie en diminuant le transport routier en faveur des chemins de fer, en isolant les bâtiments et les convertissant à l'énergie solaire, et en recyclant les déchets industriels. Il faut stopper la course folle à la croissance et se passer du progrès trompeur qui n'apporte pas le bonheur, mais la destruction.

> Tant pis si je ne suis guère réaliste! Mais vraiment je crois que c'est trop dangereux: supposons un séisme... une bombe... *Pascale, 19 ans*

3 Le contrôle de l'immigration

Depuis 30 ans, des millions de pauvres chômeurs ou réfugiés sont venus en France, souvent avec leurs familles, prêts à faire, à bas salaire, les travaux sales, fatigants et dangereux que la main d'œuvre française boudait: les Portugais, les Algériens, les Italiens, les Espagnols, les Marocains etc. représentent actuellement 8% de la population, à Paris et Marseille beaucoup plus. Ce sous-prolétariat des mines, de la sidérurgie et de la construction s'entasse dans les bidonvilles et des quartiers insalubres; beaucoup ne parlent guère le français. Avec l'accroissement du chômage, ils sont de plus en plus mal vus, mais peu d'entre eux ont accepté les 10.000 F qu'on leur a offerts pour les faire partir; ce sont surtout les 800.000 Algériens qui parfois sont accusés de causer des troubles. Les Français sont un peuple mélangé depuis les Romains, les Francs et les Normands, et la tradition d'accueil généreux est forte; mais, en période de chômage, cette implantation d'immigrés inassimilables pose de graves problèmes, surtout pour les jeunes, nés en France, qui vivent sans racines entre deux pays.

Pour

1 Ce fut une lourde erreur de se reposer sur la main-d'œuvre étrangère qui s'est révélée être une source de dépenses et d'ennuis pour l'Etat et les collectivités. Le pays a déjà suffisament de mal à s'occuper des travailleurs français pour ne pas s'encombrer de bouches supplémentaires d'étrangers qui font souche chez nous.

2 Seuls les réfugiés politiques devraient toujours être acceptés; les autres immigrés sont beaucoup trop nombreux, causent des problèmes d'hébergement et déstabilisent le progrès social.

3 Un strict contrôle est essentiel si nous voulons garder notre identité nationale; il faut veiller à conserver l'équilibre de la population – trop d'immigrés dans un lieu détruit l'harmonie, provoque méfiance et rejet, éveille xénophobie et racisme.

4 Ils sont exploités, rejetés, leur mode de vie choque et répugne – ils ne viennent pas de gaieté de cœur; mieux vaut qu'ils restent chez eux. On ne leur rend pas service, on aggrave seulement leur condition à long terme; s'il faut aider les autres peuples, aidons-les dans leur pays – ce sera plus utile. Il ne faut garder que les qualifiés et les étudiants parlant français.

> Tous les immigrés à la porte – sinon nous serons envahis – il faut éviter la pagaille.

Contre

1 Fermer les frontières aux immigrés serait du racisme pur et simple, un encouragement au trafic clandestin. Leur délinquance a été beaucoup exagérée: seulement 2% d'entre eux commettent des délits, la plupart en infraction aux permis de séjour.

2 On a toujours besoin des immigrés pour faire les travaux que les chômeurs français ne voudraient pas accepter; ils ne font pas augmenter le chômage. La France a toujours été un pays d'asile et doit le rester pour offrir aux pauvres une vie plus digne.

3 L'homme est libre et devrait avoir le droit de vivre où il veut et comme il l'entend, même s'il risque d'en subir les inconvéniants: difficulté d'adaptation, isolement, exploitation, racisme...

> France, terre d'accueil, que tu sois bénie! Il y a dans notre sillage un parfum étrange et éxotique – quelle bouffée d'air! *Isabelle, 19 ans*

4 Les syndicats et la grève

Les syndicats existent en France depuis 1863, mais en comparaison avec ceux de l'Angleterre ils sont moins puissants : la C.G.T. (un million et demi d'adhérents, communiste), la C.F.D.T. (un million, socialiste) et F.O. (un million, centre gauche) sont profondément divisées entre elles, ont peu de moyens et comprennent à peine 25% des salariés.

L'arme principale des revendications syndicales est la grève – liberté fondamentale, reconnue depuis 1946 et employée pour forcer le patron à améliorer le salaire et les conditions de travail, ou pour protester contre une injustice. En raison de la faiblesse relative des syndicats en France, les grèves ne sont d'habitude que de brefs avertissements de mécontentement. En principe, la grève politique et l'occupation d'usine, ainsi que le licenciement et les sanctions dirigées contre les grévistes, sont interdites et la conciliation est obligatoire.

Pour

1   Les syndicats et le droit de grève font partie des droits de l'homme : ils sont garants de la liberté et de la dignité de l'individu.

2   Les syndicats c'est l'autodéfense des travailleurs, leur seule arme pour se protéger contre les abus et faire valoir leurs droits ; ils font partie des institutions de toute démocratie et veillent à ce que les conditions de vie aillent en s'améliorant.

3   La grève est leur dernier recours dans un conflit : même si elle désorganise l'économie et provoque une baisse de la production, elle est signe d'un malaise qui doit s'exprimer. L'opinion publique doit être informée et conquise pour faire pression sur les patrons afin que les revendications des travailleurs soient satisfaites.

> Je n'ai aucune confiance en la philanthropie du patronat. *Emmanuel, 18 ans*

Contre

1   En France, la conscience ouvrière est restée primaire : l'objectif est d'abattre le capitalisme, rien de plus, par la politique, au lieu d'une collaboration pour le bien de tous. Les revendications sont intempestives et les grèves très nuisibles ; les salaires augmenteront si nous travaillons et exportons davantage.

2   Les grèves entament la compétitivité internationale au détriment de la nation ; elles apportent privation, violence, chômage, misère. Leur action, toujours plus ou moins

politique et provoquée par une minorité de militants, est
pernicieuse pour l'économie et préjudiciable à la population ;
le droit de grève devrait être limité afin qu'il ne puisse plus
engendrer le désordre légalement.

3   Même sans syndicats, les grèves ont déjà éclaté dans
l'antiquité – en Egypte, à Rome – en périodes de
désintégration d'une civilisation : la contestation, le mépris
de l'ordre et la désobéissance aux lois sont un signe de
décadence : «De mon temps», dit Péguy[6] déjà au
commencement du siècle, «tout le monde chantait ;
aujourd'hui les hommes récriminent, s'en veulent, se
battent, se tuent.»

> Je suis violemment opposé aux syndicats qui, sous le
> couvert hypocrite de défendre l'individu, ne font que le
> contrôler et l'enfermer ; leurs grèves, dont le sens
> profond est révolutionnaire, mènent à la ruine de
> l'autorité.   *Philippe, 20 ans*

5 L'informatique

L'automate, esclave mécanique remplaçant le cerveau et le
travail humain, était déjà un rêve des philosophes et
ingénieurs grecs ; il fut réalisé en prototype pendant la
Renaissance et en Chine. Il y a un long chemin du boulier aux
systèmes cybernétiques des années 50 aux Etats-Unis et, de
nos jours, aux usines japonaises où les robots[7] se
reproduisent eux-mêmes. En 25 ans, l'informatique a
restructuré usines et administrations avec un dynamisme
fulgurant et est devenue aussi indispensable que l'électricité.
Cette troisième révolution industrielle a partout créé une
transformation rapide : on construit des autos, des routes,
des immeubles, des raffineries par ordinateur ; la bureautique
avec ses télécopieurs bouleverse la gestion des bureaux ; la
télématique, combinant ordinateur, télévision et téléphone,
celle des entreprises ; le diagnostic médical et l'
enseignement dès le primaire sont en train d'être
informatisés ; la micro-informatique aide les handicapés et
paralysés ; des robots explorent le sol des planètes et le fond
des mers ; on s'en sert même dans le domaine de l'art
(Vasarely) et de la musique (Xenakis).

Grâce aux micro-processeurs («puces») aux milliers de
composantes électroniques sur quelques millimètres, les
ordinateurs ont pu être miniaturisés à bas prix ; ils savent
même parler plusieurs langues et dessiner et composer.
Comme tout progrès, l'informatique évoque autant d'espoirs

que de craintes: d'après un sondage, un nombre égal de Français pensent soit qu'elle apporte un grand développement démocratique, soit qu'elle rendra l'homme esclave de la machine.

Pour

1   C'est la clef de l'avenir, indispensable dans un monde d'une complexité opprimante où l'on a besoin de plus en plus de données: il faut l'accepter, s'y adapter, l'aimer – elle est déjà partout.

2   Elle facilite les tâches pénibles, accélère le classement, supprime la paperasserie, stocke un maximum d'information, permet de fournir rapidement les renseignements, rentabilise et économise – une ère nouvelle est née.

3   Tout abus est exclu: la «Loi relative à l'informatique, aux fichiers et aux libertés» exige qu'elle ne doive pas porter atteinte à la vie privée, qu'une décision administrative ne doive pas être basée sur elle et que le public ait le droit de connaître et contester les informations automatisées.

4   En libérant l'homme des corvées abrutissantes, l'informatique confère dignité et confort à son travail et lui ouvre de nouveaux horizons de loisir, de distraction, de bonheur.

KAHER.

> C'est l'ascension de l'espèce humaine – un merveilleux
> outil intellectuel dont on devrait augmenter le pouvoir.
> On peut enfin créer à partir d'une machine; c'est bien
> plus agréable et amusant qu'un être humain.
> *Eric, 19 ans*
> Elle est en parfaite correspondance avec notre époque
> où l'individu n'existe plus, où les codes et les chiffres
> remplacent le langage humain.   *Patricia, 21 ans*

Contre

1   Elle réduit radicalement les emplois dans les entreprises, impose aux travailleurs le rythme inhumain de la machine, accentue aliénation et solitude. Poussée par la mode, elle est souvent installée pour des raisons de prestige plutôt que de rentabilité, ce qui augmente encore le chômage sans nécessité; en outre, pannes et erreurs sont fréquentes.

2   Elle marque le triomphe de la technique sur l'homme, asservi de plus en plus au contrôle par la machine qui lui enlève le pouvoir de reflexion et d'initiative, installe une tyrannie sur ses décisions, le déshumanise par son emprise, le remplace finalement: au Japon, un robot a déjà tué le patron d'une usine.

3   La constitution d'une banque de données[8] sur les citoyens est un péril fort inquiétant: fichiers personnels accessibles aux souscripteurs, fuites accidentelles, ou causées par l'espionnage, d'informations confidentielles militaires et industrielles, dispersion de fichiers par communication téléphonique réciproque.

4   Il faut être vigilant – une société informatisée est à redouter, qui risque de robotiser l'espèce humaine. La quantification logique, le contrôle biologique et la mainmise totalitaire menacent la diversité des hommes, leurs droits et libertés, voire leur cerveau, qui, déshabitué de certains fonctionnements, pourrait s'atrophier.

> C'est l'avant-garde d'une société que je crains, car je
> doute qu'elle corresponde à notre image du bonheur:
> ceux qui détiendront les informations auront tout
> pouvoir sur les autres.   *Pascale, 19 ans*
> La machine prendra un jour définitivement le pas sur
> l'homme: je n'ai nulle envie d'être réduite à une simple
> fiche d'ordinateur.   *Sylvie-Elizabeth, 18 ans*
> Pourquoi se servir des ordinateurs quand on a en
> nous la matière la plus riche qui soit – la matière
> grise!?   *Christian, 18 ans*

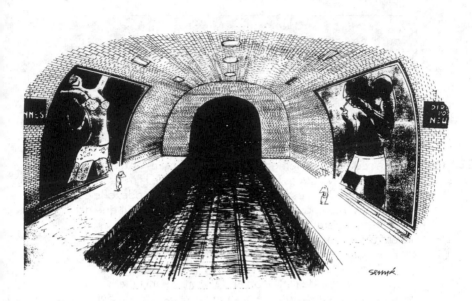

6 La publicité

La réclame a fait un progrès fulgurant depuis les affiches artistiques d'un Toulouse-Lautrec,[9] jusqu'à devenir la publicité, un des éléments dominants de notre civilisation, qui a transformé ambiance et mentalités. Les panneaux dans les rues, métros, autobus, la «pub» dans la presse, le cinéma, la radio, la télévision, les imprimés, nous stimulent, amusent, cajolent, séduisent, convainquent, font rêver; sans «pub» nous nous trouverions désorientés. C'est le fer de lance du marketing commercial ainsi que de la propagande politique: on analyse et exploite les désirs latents des consommateurs et la manière de leur inculquer le goût de nouveaux produits en série, écartant la concurrence par une communication persuasive qui dirige le choix; technique semblable en politique.

Chez les intellectuels qui chérissent leur individualisme libertaire, même les aspects positifs de la «pub» rencontrent une méfiance critique; le malaise d'une société de plus en plus automatisée et gavée de biens joue aussi contre la «pub» qui en est rendue responsable – cela explique pourquoi, en France, elle est moins puissante qu'ailleurs. Néanmoins, un budget annuel de 25 milliards de francs est consacré à la «pub»: 50% à la presse, 20% à la télévision, 20% à la radio et 10% aux affiches et aux dépliants. D'après les sondages, la plupart des gens trouvent la « pub » utile et bien faite, voire indispensable, et elle fait aussi partie de l'univers des jeunes, comblé de gadgets et d'illusions qui n'apportent pas toujours le bonheur.

Contre

1 La publicité représente une agression envahissante, abêtissante, aliénante des médias qui ne peuvent plus s'en passer. Son coût fait monter les prix, ce qu'oublie souvent le public (30% pour les médicaments, 50% pour les cosmétiques!) et permet aux grandes entreprises d'étouffer la concurrence et de pousser leurs profits à l'excès en réduisant la qualité.

2 C'est l'information souvent mensongère du consommateur pour le bien du producteur qui, en suscitant sa convoitise et en créant des besoins superflus, l'entraîne à acheter aveuglément, à vivre au-delà de ses moyens, à gaspiller des matières précieuses.

3 La « pub » écrase l'individu par un lavage de cerveau d'une stupidité parfois insupportable; elle permet rarement de se faire une opinion objective, de juger, comparer, s'informer; elle infantilise les foules par un matraquage débilisant et vulgaire qui les rend incapables de choisir et de satisfaire leurs réels besoins.

4 C'est un conditionnement psychologique par un bourrage de crâne qui agit sur le subconscient d'une manière indigne par des « trucs » insidieux et infaillibles jusqu'à ce que la volonté et le bon sens soient détournés – viol moral que le public subit, puis accepte et, finalement même, apprécie.

> Elle nous empoisonne lentement mais sûrement – une affaire de gros sous qui nous prend pour des imbéciles – je ne peux pas la supporter: bruits, bêtise, démagogie, laideur ...
>
> Délectable pour les professionnels du marketing, elle joue sur les frustrations, désirs, envies, rêves des gens. Formidable machine, partout présente, une véritable perversion: des objets acquéreurs d'objets.
> *Pascale, 21 ans*

Pour

1 C'est le lubrifiant essentiel pour la promotion des ventes et des innovations, qui permet une baisse de prix, la prospérité de l'industrie et la survie de la presse. Elle est foncièrement honnête – si elle trompait le public, elle ne remporterait aucun succès durable. En créant une mode, la « pub » aide à la relance de l'économie, fait tourner les machines et augmente les emplois.

2   Elle sauvegarde la compétitivité dynamique de la France en stimulant la croissance de la productivité ; ceux qui contestent le progrès, tout en se faisant partisans de la régression, en profitent d'ailleurs comme les autres. En outre, elle n'empêche pas les gens sensés de faire leur choix avec discernement.

3   La vitalité optimiste de la « pub » confirme la qualité de la vie et favorise la recherche, l'invention et l'humour fantaisiste, inspiré par l'imagination populaire, qui égaie la grisaille quotidienne.

> C'est la forme de l'art moderne, éphémère et incisive, le dernier domaine où s'est réfugié la création de notre époque.   *Christian, 22 ans*

Les résultats du sondage

Effectué à Nice en Octobre–Décembre 1981 parmi un échantillon représentatif de près de 200 lycéens et étudiants, âgés de 17 à 23 ans (moyenne : $19\frac{1}{2}$)

Transport et voyages	Pour	Contre	Neutre	
1 L'auto	66%	11%	23%	10% en plus de garçons *pour* l'auto et *contre* le train
2 Le train	74%	14%	12%	
3 L'avion	73%	6%	21%	idéal mais trop cher
4 La moto	61%	21%	18%	
5 L'autostop	31%	45%	24%	les filles redoutent davantage les dangers
6 Les voyages à l'étranger	93%	3%	4%	*pour* presqu'à l'unanimité

Sports et loisirs				
1 Le football	46%	31%	23%	12% en plus de garçons *pour*
2 Le sport pour l'argent	26%	62%	12%	18% en plus de garçons *pour*, 16% en plus de filles *contre*
3 Les jeux olympiques	55%	17%	28%	fortes abstentions à cause des ingérences politiques
4 L'alcool et le tabac	28%	55%	17%	
5 Les drogues douces	18%	69%	13%	
6 Les films pornos	25%	58%	17%	29% en plus de garçons *pour* (40:11), 33% en plus de filles *contre* (73:40) – sans commentaire

	Pour	Contre	Neutre	
Education et arts				
1 Les examens et concours	41%	37%	22%	13% en plus de garçons *contre*; plus d'opposition aux concours qu'aux examens
2 L'enseignement libre	49%	34%	17%	
3 Les auteurs classiques	75%	7%	18%	21% en plus de filles *pour*
4 L'art moderne	60%	21%	19%	13% en plus de filles *pour*
5 La musique pop	73%	11%	16%	
6 Le franglais	35%	49%	16%	10% en plus de garçons *pour* (considérations pratiques plutôt qu'esthétiques)
L'individu et la société				
1 Le mariage	57%	23%	20%	19% en plus de garçons *pour* (plus traditionnels), 13% en plus de filles *neutres* (incertaines)
2 L'égalité des sexes	64%	18%	18%	13% en plus de filles *pour*, 13% en plus de garçons *contre*; 23 réponses pour l'égalité des droits et dans le travail, mais pas ailleurs
3 L'Etat Providence	44%	39%	17%	14% en plus de filles *pour* (51:37), 10% en plus de garçons *contre* (sécurité contre risque)
4 L'écologie	68%	10%	22%	25% en plus de filles *pour* (80:55); elles ont des craintes pour leur environnement
5 La violence	9%	71%	20%	15% en plus de filles *contre*; certains *contre* en principe, mais la considèrent comme inévitable
6 Les sondages	50%	33%	17%	19% en plus de filles *pour*, 18% en plus de garçons *contre* (ils sont plus méfiants)

La politique et la loi

1 Le socialisme	42%	27%	31%	15% en plus de filles *pour*, 18% en plus de garçons *contre*. Certains le considèrent utopique mais néanmoins votent *pour*, d'autres visent plutôt le gouvernement que le principe. Un manque d'intérêt politique expliquer les très fortes abstentions
2 L'autonomie regionale	54%	28%	18%	
3 Le service militaire	31%	47%	22%	9% en plus de filles *pour*; plusieurs opposants accepteraient un service réformé
4 La force de dissuasion	36%	54%	10%	31% en plus de garçons *pour* (51:21), 27% en plus de filles *contre* (67:40)-très fort écart
5 La peine de mort	41%	49%	10%	18% en plus de garçons *pour* (50:32), 16% en plus de filles *contre* (57:41)
6 L'avortement	64%	20%	16%	à éviter par la contraception

L'économie et l'industrie

1 Le marché commun	70%	16%	14%	12% en plus de garçons *contre*; 15% des *pour* spécifient qu'il faut garder l'autonomie; certains sont *pour* en principe, mais *contre* l'état actuel
2 L'énergie nucléaire	48%	30%	22%	26% en plus de garçons *pour* (62:36), 25% en plus de filles *contre* (42:17)
3 Le contrôle de l'immigration	69.5%	19.5%	11%	résultat le plus identique entre garçons et filles
4 Les syndicats et la grève	71%	8%	21%	13% en plus de filles *pour*
5 L'informatique	63%	14%	23%	19% en plus de garçons *pour*, 17% en plus de filles *neutres* (craintes)
6 La publicité	30%	44%	26%	15% en plus de garçons *pour*

Conclusion

Sans tomber dans le piège des généralisations, en ignorant la fourchette d'opinions contradictoires – parfois farouchement individualistes et divisées politiquement – il est pourtant possible de discerner des courants suivis par la plupart des jeunes consultés; leurs réactions qu'ils veulent «dans le vent» sont souvent prévisibles.

Ils sont ouverts et sincères, tolérants vis-à-vis des autres, obsédés par le désir de liberté pour faire exactement ce qui leur plaît, avec un goût prononcé d'épanouissement personnel. Malgré leurs aspirations idéalistes, ils considèrent la société avec un œil critique et lucide, et avec peu d'espoir de pouvoir l'améliorer; ils ne se révoltent pas, mais se résignent à l'adaptation pour vivre à leur gré.

L'écart entre les réponses masculines et féminines n'est pas très marqué, mais on peut constater une certaine tendance parmi les garçons à être plus conservateurs, réalistes, pratiques, et parmi les filles à être plus progressistes, idéalistes, égalitaires.

50 sujets de compositions

Transport et voyages

1 L'auto a causé plus de maux qu'elle n'en a guéri. (Diolé)
2 Un train qui roule
   La vie s'écoule. (Apollinaire)
3 L'avion représente la puissance de l'homme comme son
   extrême précarité.
4 Le bruit est un aspect de la violence. (Michel Crépeau, ministre
   de l'Environnement)
5 L'autostop – un moyen de transport idéal si notre société était
   idéale.
6 Je réponds à ceux qui me demandent raison de mes voyages: que
   je sais bien ce que je fuis, mais non pas ce que je cherche.
   (Montaigne)

L'influence des moyens de transport modernes sur l'entente des
peuples du monde.
«Les voyages forment la jeunesse».

Sports et loisirs

1 Ce que je sais de plus sûr, sur la morale et les obligations des
   hommes, c'est au football que je le dois. (Camus)
2 Le sport est une discipline soutenue par une dévotion
   enthousiaste pour l'effort gratuit. (de Coubertin)
3 Le sport est l'espéranto de toutes les races. (Giraudoux)
4 Jamais homme noble hait le bon vin. (Rabelais)
   Qui vit sans tabac n'est pas digne de vivre. (Molière)
5 Nous sommes tous des drogués. (Cohn-Bendit)
6 Ce n'est pas de permissivité qu'a besoin l'homme harassé de
   notre fin de siècle ... Il a besoin d'assurance et de calme, d'une
   règle, d'une vérité. (Alain Peyrefitte)

La fonction du sport dans le monde contemporain.

Education et arts

1 Les examens tuent «toute la partie morale, divine, mélodieuse
   de l'âme humaine.» (Lamartine)
2 L'enseignement laïc sombre «dans l'athéisme et le culte
   exclusif de l'Etat.» (Mgr. Lefèbre)
3 Peut-on rompre avec le passé? (Reims 1981)
4 L'art est-il une imitation de la nature ou une création? (Caen
   1979)
5 En quel sens peut-on parler d'art populaire? (Rouen 1978)
6 Une nation qui parle une autre langue que la sienne perd
   insensiblement son caractère. (Senac de Mailhan)

L'école est l'agence de publicité qui nous fait croire que nous avons besoin de la société telle qu'elle est. (Illich)
Des artistes, pour quoi faire? (Grenoble 1980)
Y aura-t-il jamais une seule langue universelle?

L'individu et la société

1   Nous marier? Des gens qui s'aiment! (Marivaux)
2   Est-il contradictoire de reconnaître des différences et de désirer l'égalité entre les sexes? (Clermont-Ferrand 1980, adapté)
3   Le bonheur est-il affaire d'Etat? (Rennes 1979)
4   La nature est-elle un modèle? (Aix-Marseille 1981)
5   La violence porte-t-elle toujours atteinte à la liberté? (Clermont-Ferrand 1981)
6   La démocratie consiste-t-elle à demander l'avis de chacun sur tout? (Aix-Marseille 1981)

En quel sens l'égalité entre les hommes est-elle la condition et la fin de la démocratie? (Paris 1981)
Un monde humain sans affrontement est-il pensable? (Dijon 1981)
Qui est plus important, l'individu ou la société?

La politique et la loi

1   L'égoïsme, source du socialisme, la jalousie, source de la démocratie, ne feront jamais qu'une société faible. (E. Renan, 1823–92)
2   A l'heure de la culture internationale, pensez-vous que les cultures régionales soient un facteur d'enrichissement ou, au contraire, le signe d'un recul vers les formes périmées? (Caen 1979, abrégé)
3   Est-ce que la conscription peut encore apporter quelque chose à l'armée moderne de métier?
4   L'arme atomique est une arme qui est faite pour ne pas servir. (Jean-Pierre Chevènement, ministre de la Technologie)
5   Peut-on dire qu'il n'y a pas de justice mais seulement des lois? (Rennes 1981)
6   Quel rôle joue mon corps dans l'expression de ma liberté? (Bordeaux 1981)

Faut-il avoir la paix à tout prix? (Paris 1980)

L'économie et l'industrie

1   L'Europe, mon pays. (Jules Romains)
2   Seule une politique résolue de production nucléaire peut sauver l'Europe de la faillite et de la décadence. (Lamour)
3   Les immigrés, faut-il les intégrer ou les renvoyer?
4   Les syndicats ont-ils trop de pouvoir ou pas assez?
5   L'homme face à l'informatique – un apprenti sorcier?
6   La publicité, un des grands maux de ce temps, insulte nos regards, gâte les paysages, corrompt toute critique. (Paul Valéry)

L'industrie au XXIe siècle.
Economie et politique sont-elles contradictoires?

Notes

Transport et voyages
1 **Thiers**: statesmen and historian (1797–1877)
2 **Arago**: physicist (1786–1853)
3 **S.N.C.F.**: Société Nationale des Chemins de Fer
4 **T.G.V.**: Train Grande Vitesse
5 C. Favre: *Les Motards*. Privat 1980
6 **vignette**: annual licence
7 **en vadrouille**: on the loose

Sports et loisirs
1 **sphairomachia**: ball contest
2 **follis**: inflated leather ball
3 **Henri II**: King of France (1519–59)
4 **Ronsard**: court poet (1524–85)
5 J. Mercier: *Le Football*. P.U.F. 1966
6 G. Malignac: *L'Alcoolisme*. P.U.F. 1969; J-M. Pelt: *Les Drogues*, Dein 1980
7 **Colbert**: principal minister of Louis XIV (1619–83)
   Necker: minister of finance of Louis XVI (1732–1804)
8 Pelt op. cit.; F. Lemaire: *Le Tabagisme*. P.U.F. 1980
9 **infarctus**: coronary thrombosis
10 **mégot**: fag end
11 **Tristan Bernard**: writer of vaudeville comedies (1886–1947)
12 Pelt op. cit.; J-P. Fréjaville: *Les Jeunes et la Drogue*. P.U.F. 1977

Education et arts
1 **CAPES**: certificat d'aptitude pour l'enseignement secondaire
2 **boîtes à bac**: crammers
3 «**piston**» et «**pots-de-vin**»: string pulling and bribery
4 *Le Monde de l'Education*, mars 1981

5 **nantis**: the well-off
6 **barbant**: tedious
7 H. Skoff Torgue: *La Pop-Music*. P.U.F. 1975; R. Hoffmann et J-M. Leduc: *Rock Babies*. Ed. du Seuil 1978
8 **petits plats**: refined dishes
9 **Pressing**: dry-cleaner's
10 **living de grand standing**: high-class drawing room
11 **mijoté**: cooked slowly with loving care
12 J. Ardagh: *The New France*. Penguin 1970 ·
13 *Le Franglais*. Gallimard 1964
14 **charabia**: gibberish

L'individu et la société
1 **George Sand**: novelist and champion of emancipation (1804–76)
2 **Marie Curie**: discovered radium with her husband; Nobel prize in Physics and Chemistry (1867–1934)
3 **ha**: hectare $= \frac{1}{100}$ km² or 2.47 acres
4 **force de frappe**: nuclear deterrent
5 **le vert**: l'écologie
6 **Héraclite**: Greek philosopher (540–480 B.C.)
7 **HLM**: habitations à loyer modéré – council flats
8 **bidonvilles**: shanty-towns
9 **Pascal**: mathematician, physicist and philosopher (1623–62)
10 B. Frappat in *Le Monde*, 14.11.81
11 **tiercé**: popular bet on the first three in French horse racing

La politique et la loi
1 **fric**: money (slang)

2 **miroir aux alouettes**: twirling mirror to attract larks; fig. take in by false pretences
3 **Louis Blanc**: socialist politician (1811–82)
4 **l'occitan**: dialects of the langue d'oc, distinct from the langue d'oil in the North
5 **esprit de clocher**: parochialism
6 **Ligne Maginot**: An 'impregnable' line of subterranean fortifications, constructed between the two World Wars along the whole Franco-German border and named after the Minister of War, Maginot (1877–1932); the Germans circumvented it in May 1940 by invading France through Belgium.
7 **Levée en masse**: Conscription of the whole population to defend the Republic, decreed in 1793 by the 'Convention', the Assembly of the French Revolution.
8 **Montaigne**: author of Les Essais who believed truth and justice were only relative (1533–92)

9 R. Ikor: *Sans haine et sans colère.* Albin Michel 1979
10 Simone **Veil**: Minister of Health, then President of the European Parliament.

L'économie et l'industrie

1 **Briand**: Prime and Foreign Minister, champion of the League of Nations and European Federal Union (1862–1932)
2 **Herriot**: Prime and Foreign Minister, champion of international co-operation (1872–1957)
3 Jean **Monnet**: «père de l'Europe» (1888–1979)
4 Robert **Schumann**: Prime Minister (1886–1963)
5 **O.P.E.P.**: O.P.E.C.
6 **Péguy**: poet, Catholic mystic and socialist (1873–1914)
7 **robot**: work (Czech), term invented by science-fiction writer K. Capek
8 **banque de données**: data bank
9 **Toulouse-Lautrec**: painter of Parisian night life (1864–1901)